창업력

창 업 력

초판 1쇄 발행 2019년 1월 15일

지은이 문성철 / **펴낸이** 배충현 / **펴낸곳** 갈라북스 / **출판등록** 2011년 9월 19일(제2015-000098호) / 경기도 고양시 덕양구 중앙로 542, 903호(행신동) / **전화** (031)970-9102 / **팩스** (031)970-9103 / **홈페이지** www.galabooks.net / **페이스북** www.facebook.com/bookgala / **전자우편** galabooks@naver.com / **ISBN** 979-11-86518-29-8 (03320)

이 도서의 국립중앙도서관 출판예정도서목록(CIP)은 서지정보유통지원시스템 홈페이지(http://seoji.nl.go.kr)와 국가자료종합목록시스템(http://www.nl.go.kr/kolisnet)에서 이용하실 수 있습니다. (CIP제어번호 : CIP2018039469)

창업력

문성철 지음

지식보다 강한
지혜의 힘

#1

7번째 사업에 실패한 한 중년 남성이 아내 무릎에 얼굴을 묻고 펑펑 울었다. 이제 수중에 남은 돈이라곤 비상금으로 모아 둔 생활비 정도밖에 없었다. 하지만 그는 포기하지 않았다. 프랜차이즈 회사 사장을 다짜고짜 찾아가 자신이 회사를 인수하겠다고 했다. 가진 것이라고는 230만 원과 사업 계획뿐이었다. 하지만 그는 사장을 설득하여 인수 대금 6억 원을 인수 후에 분납하는 조건으로 회사를 사들였다.

#2

유통회사에서 직장생활을 시작하여 무역 실무 능력을 다져

가던 서른 살 늦깎이 신입사원이 있었다. 신발 수출입 업무에 자신감이 붙을 무렵 한 브랜드가 그의 눈에 들어왔다. 당시만 해도 해당 브랜드에는 신발 제품이 없었는데, 자신이 신발 제품을 기획할 수만 있다면 사업을 성공시킬 수 있을 것 같았다. 이탈리아 본사를 찾아가 경영진을 설득해 어렵게 허락을 얻어냈다. 결과는 대성공이었고, 그는 이를 계기로 연봉 18억 원을 받는 한국 법인 대표로 발탁되었다. 하지만 이는 시작에 불과했다. 그는 이후 한국 법인에서 쌓은 신뢰를 바탕으로 금융기관에서 5,000억 원을 조달해 글로벌 본사까지 아예 통째로 인수해버렸다.

첫 번째 이야기는 김승호 스노우폭스 회장 이야기다. 김 회장은 대학을 중퇴하고 도미한 후 컴퓨터 조립 회사, 지역 신문사 그리고 유기농 식품점까지 다양한 사업을 시도했지만 하는 사업마다 결과가 좋지 않았다. 20년 동안 실패를 맛봐야 했지만 그는 낙담하기보다 실패에서 배운 교훈들을 되새기며 사업을 보는 안목을 키웠다.

재기를 모색하던 중 슈퍼마켓 안에서 스시를 파는 회사가 그의 눈에 들어왔다. 판매 방법을 바꾸고 메뉴를 다양화시킬 수 있다면 승산이 있어 보였다. 그 길로 바로 회사 사장을 수

소문해 찾아갔다.

물론 인수 자금 같은 건 없었다.

돈도 없이 찾아온 중년의 사업가를 의심할 법도 했지만 선수는 선수를 알아보는 법이었다. 스시회사 'JFE' 사장은 김 회장의 사업 수완을 한 번 믿어보기로 하고 먼저 매장 하나를 임시로 빌려주었다.

김 회장은 판매대 위치를 바꾸고 제조 과정을 고객들에게 눈으로 직접 보여주었다. 그러자 판매 실적이 뛰기 시작했다.

그는 이 실적 데이터를 근거로 전체 사업체를 사들이는 협상을 시작했다. 그는 인수가는 한 푼도 깎지 않을 테니 사업체를 먼저 인수한 후에 돈을 갚을 수 있도록 해달라고 요구했다. 인수금액은 사업체 안에 다 있다는 주장이었다. 자신의 판매 전략대로 매장을 활성화해나가면 인수자금을 다 갚을 수 있다는 논리였다.

JFE 사장은 잠시 생각에 잠겼지만 그의 사업계획에 한 번 배팅해보기로 했다.

김 회장은 담판을 통해 기업 가치 40억 규모 회사를 영화의 한 장면처럼 극적으로 인수했다. 이 사건만 보면 마치 김 회장이 달변가이거나 날 때부터 사업수완이 좋았던 것처럼 보일 수도 있다.

하지만 결정적인 순간 최고의 협상력을 발휘할 수 있었던 힘은 결코 하루아침에 만들어진 게 아니다. 청년 시절부터 넘어지고 일어서기를 반복하며 가다듬은 생각의 힘이 있었기에 가능한 일이었다.

창의적 전략은 MBA에서 배울 수 있는 게 아니다

두 번째 이야기 주인공인 윤윤수 휠라코리아 회장 또한 자신만의 경험에서 M&A의 묘수를 찾아낸 사례다.

그는 한국 법인 대표로 재직하던 시절 휠라 본사를 매각한다는 소식을 접했다. 인수에 필요한 자금은 무려 4억 5,000만 달러약 5,000억 원이었다. 아무리 샐러리맨으로 성공하였다고 한들 수중에 이런 거금의 돈이 있을 리 없었다.

이 때 그는 하버드 비즈니스 스쿨에 경영 사례로 채택될 만큼 독창적인 인수합병 방법을 생각해낸다.

당시 휠라 본사는 각국 지사로부터 브랜드 사용료 명목으로 매년 매출액의 8% 내외 금액을 받고 있었다. 윤 회장은 이 라이선스를 반영구적으로 넘겨주는 방식으로 이중 절반인 4%를 일시불로 계산해 라이선스 대금을 미리 한 번에 당겨서 받아버렸다. 한국과 미국을 제외한 유럽, 남미 등 각국 지사에 본사의 라이선스를 넘겨주었다. 본사를 인수하면서 인수 대상인 본사가 가지고 있던 라이선스 일부를 매각해 금융권에서 차입한 돈을 갚아버린 거다. 결과적으로 윤 회장은 무일푼으로 글로벌 패션그룹을 인수해낼 수 있었다.

그는 어떻게 이런 전략을 짜낼 수 있었던 것일까?

실마리는 윤 회장의 실무 경험 속에 있다. 그는 현장에서 실무 능력을 탄탄하게 다진 사람이었다. 무역 업무만큼은 그 누구보다 자신 있었다. 크고 작은 성공과 실패 경험을 반복하며 자신만의 역량을 쌓았다.

한 번은 영화 ET를 보고 감명받아 ET 인형을 만들어 미국 판매를 시도한 적이 있었다. 라이선스 계약에 대해서 잘 알지 못했던 윤 회장은 특별한 계약 절차도 없이 ET 인형을 만들어버렸는데 미국 세관이 이를 알고 그가 만든 제품들을 모조품이라며 모조리 불태워버렸다.

당시 그가 다닌 회사는 큰 손해를 입었다. 자신의 어리석음에 피눈물을 흘렸지만 라이선스 계약에 대해 꿰뚫어볼 수 있는 계기가 되었다. 훗날 라이선스 사업에서 성공하게 된 원동력이다.

현장에서 깨지면서 차근차근 기획 능력을 키워왔기에 그는 기업 경영 역사에 존재하지도 않았던 독특한 M&A 기법으로 휠라 본사를 인수할 수 있었다.

그들이 무일푼으로 기업을 사들일 수 있었던 비밀은 스스로 생각해낸 유일무이한 자신만의 아이디어였다. 교과서적인 경영 지식에 갇히지 않고, 폭넓은 경험을 통해 자신만의 생각의 근육을 꾸준히 단련해왔기 때문에 가능한 일이었다.

이러한 힘이 바로 '창업력'이다.

창업 구루들이 어떻게 자신만의 비즈니스 지혜를 키워왔는지 그들의 발자취를 한번 쫓아가 보자.

목 차

 1부 당신은 누구입니까?

1등에게 무릎을 꿇어라

3부 은밀하게 침투하라

4부 독점하거나 대체불가 하거나

5부 절대 절대 쓰러지지 마라

1부

당신은
누구입니까?

- 빚쟁이로 전락하든지 부자가 되든지 둘 중 하나다

- 사업가 인생에 중간 같은 건 없다

- 그럼에도 불구하고 꼭 해야만 하는 이유가 있는가?

에너지의
근원을 찾아라

김용덕 테라로사 대표는 창업 전 평범한 은행원이었다. 상고를 졸업하고 21년 동안 은행에서 큰 문제 없이 안정적인 연봉을 받으며 직장 생활을 했다.

하지만 뭔가 답답했다. 1원도 틀리면 안 되는 업무 특성상 하루하루를 숫자와 씨름해야 하는 것도 지겨웠고 무엇보다 보람이 없었다. 삶에 회의를 느낀 김 대표는 아내와 상의도 없이 그냥 사표를 내버렸다.

가난보다 무서운 허무

진지하게 자신의 인생을 돌아보고 싶은 마음에 그의 나이 마흔에 기약도 없이 과감하게 백수 생활을 시작했다.

미술 공부도 하고 배낭여행도 다니면서 성찰의 시간을 가졌다. 별다른 소득 없이 공부만 하다 보니 빚만 점점 늘어갔지만 이 모든 과정이 절대 헛되지는 않았다.

그는 치열한 사유 끝에 운명적으로 커피 사업을 발견했다. 아니 푹 빠져버렸다. 철학부터 건축사까지 커피와 관련된 거라면 모든 것에 관심을 가지고 연구하기 시작했다. 철학서 100권을 시작으로 역사서 그리고 문학서까지 수백 권의 책도 독파했다. 단단하게 자신만의 사업 철학을 정립할 수 있는 시간이었다.

나 역시도 이런 과정을 뼈저리게 겪은 적이 있었기에 그의 결단과 노력이 더 대단해 보였고 존경스러웠다.

수산물 가공품 회사를 창업하고 회사를 키워가면서도 내 마음 한구석에는 늘 답답함이 있었다. 사실 왜 사업을 해야 하는지 분명한 목적의식이 없었다. 부끄럽지만 그 시절 난 성공만을 좇았다.

그렇다고 사업을 멈출 용기도 없었다. 그냥 빨리빨리 사업을 키운 후에 생각하자고 나 자신을 합리화했다. 뛰는 만큼 사업은 조금씩 열매를 맺게 되었지만 속도를 내면 낼수록 내 마음속 불안감은 더 커져만 갔다.

더 늦기 전에 목적의식을 찾아야겠다는 생각이 들었다. 쉽지 않은 과정을 견뎌내야 했지만, 이제는 비로소 내가 하는 일의 목적에 대해 떳떳하게 대답할 수 있게 되었다.

죽을 때까지 일할 수 있는 힘

창업가에게는 파괴적인 에너지가 필요하다. 사장의 표정만 바라보고 있는 직원들에게 하루에도 수십 번씩 비전을 제시할 수 있는 뜨거운 에너지가 있어야 한다. 태산 같은 과제들을 추진해 나가려면 임직원들의 불평불만을 어루만져 주기도 해야하고 필요할 때 불같이 야단도 쳐야 한다. 말이 쉽지 감정적으로나 정신적으로나 굉장히 소모적인 일이다.

회사 밖에서는 더 큰 어려움이 기다리고 있다. 고객들과 거래처는 끊임없이 항의를 제기하며 당장이라도 쳐들어올 것 같은 기세로 싸움을 걸어 온다. 웃으면서 침착하게 대처하지만 사장의 등줄기에는 늘 식은땀이 흐른다.

힘겨운 일과를 끝내고 집에 가도 온전히 쉴 수도 없다. 아내

는 직장이나 잘 다니지 왜 위험한 사업을 벌였냐고 손사래를
치고 부모님은 내 자식이 사서 고생한다며 눈물을 보인다.

과장된 게 아니다. 창업자는 정도의 차이만 있을 뿐 일상 속
에서 타인에게 끊임없이 에너지를 빼앗긴다. 자신의 주변에
있는 모든 사람을 설득해 자신의 비전에 동참시키려면 압도적
인 에너지가 필요하다.

에너지의 원천이 견고하지 못하면 단 하루도 버텨낼 수 없
다. 왜 일해야 하는지 분명한 주관을 가지고 있어야 한다. 그
래야 삶을 마감할 때까지 정열적으로 일할 수 있다.

우리에게 베지밀로 유명한 '정식품'을 창업한 정재원 창업주
는 원래 의사였다. 소위 말하는 사업가가 아니었다.

의사 생활을 갓 시작했을 무렵이었다. 지금은 의료기술이
발달하여 영양실조로 안타깝게 생을 마감하는 유아들이 많이
없어졌지만, 정 회장이 처음 의사가 되었을 때만 해도 우유를
소화하지 못해 죽어가던 아이들이 많았다.

정 회장도 어느 날 우연히 우유를 제대로 소화하지 못해 죽
어가는 아이를 자신의 두 눈으로 직접 목격했다. 그리고 이 사
건은 그의 인생을 송두리째 바꾸어놓았다. 그는 의사로서 치
료법을 발견하는 일을 자신의 소명으로 받아들였다.

정 회장은 치료법을 찾는 일에 자신의 모든 에너지를 쏟아 붓기 시작했다. 병의 원인을 알아내고 싶어 불혹을 넘긴 나이에 아내와 6남매를 남겨놓고 홀로 영국으로 떠났다. 쉽지 않은 여정을 견뎌내며 겨우 유당불내증이란 병에 대해 알게 되었다. 유당분해효소가 선천적으로 결핍된 아이가 모유나 우유를 소화하지 못해 죽음에까지 이르는 병이었다.

병명을 알게 된 정 회장은 유당이 없는 영양 식품을 찾으려 노력했다. 연구에 연구를 거듭해 우유를 소화할 수 없는 아이들도 콩으로 만든 식품은 먹을 수 있다는 사실을 알게 되었다.

그 길로 유학 생활을 정리하고 귀국해 병원 한구석에서 콩을 맷돌로 손수 갈아서 베지밀을 발명했다. 유당불내증에 걸린 아이들도 안심하고 먹을 수 있는 영양 식품이었다. 우유를 먹이지 못해 발을 동동 굴리던 부모들이 기다리고 기다리던 소식이었다. 입소문은 빠르게 퍼져나갔고 환자들이 병원으로 구름 떼처럼 몰려들었다. 병원에서 이들 모두에게 나누어줄 수 있는 양을 만드는 게 더는 불가능해졌다.

정 회장은 또다시 새로운 도전을 시작해야만 했다. 대규모 생산을 위해 정식품을 창업했다. 57살이라는 나이조차 그를 막을 순 없었다.

늦은 나이에 창업한 것도 모자라 향년 100세 나이로 삶을 마감할 때까지 그는 자신을 하얗게 불태우며 헌신적으로 일했다. 한 편의 훈훈한 미담 같지만 자세히 뜯어보면 상식적으로 이해하기 어려운 결정들의 연속이었다.

남 부러울 것 없는 의사가 왜 굳이 배고픈 연구자의 길을 택했을까?

처자식을 남겨놓고 어떻게 홀로 유학을 하러 갈 수 있었을까?

57살의 나이에 창업한다는 게 가능할까?

죽기 직전까지 일하는 게 힘들지는 않았을까?

정 회장은 이 질문들에 대해 분명한 답을 가지고 있었다. 그랬기에 창업가로서의 삶을 완주해낼 수 있었다.

반드시 해야만 하는 이유가 없다면 함부로 창업에 발을 내디뎌서는 안 된다. 창업이란 불덩이가 먼저 당신부터 태워버릴지도 모르니깐.

부채의식이 있는가?

무려 30년 동안 한결같이 음악장학회를 운영해온 인물이 있다. 자수성가한 사업가의 흔한 자선 사업 이야기쯤으로 생각할 수도 있겠지만 자세한 내막을 알게 되면 창립자의 깊은 뜻에 마음이 절로 숙연해진다.

아들이 맞아 죽은 학교를 품다

이대봉 참빛그룹 회장은 자수성가한 사업가다. 항공물류 사업을 시작으로 건설, 에너지, 레저 등 여러 분야에서 14개 계열사를 둔 그룹사를 일구어낸 입지전적인 인물이다.

남부러울 것 없이 성공했지만 그에게는 숨겨진 아픔이 하나 있다.

이 회장의 막내아들, 이대웅 군은 서울예고 성악과 학생이었다. 학교 정기 연주회에서 꽃다발을 독차지할 만큼 주변에서 인기가 많은 아이였다. 이 회장도 당연히 그런 막내아들을 예뻐하고 내심 기특해했다.

누구보다 잘난 아들이었지만 뜻하지 않게 불행한 사건에 휘말리게 된다. 평소 인기가 많았던 이 군을 못마땅히 여긴 선배들이 그를 야산으로 끌고 가 분풀이로 배를 걷어차 버렸다. 이 군은 쓰러졌고 영원히 다시 일어나지 못했다.

이 회장은 눈에 넣어도 안 아플 막내아들을 어이없이 잃게 되었다. 그는 극도로 분노했다. 학교를 당장이라도 부숴버릴 기세였다.

그의 마음을 하나님이 갑자기 어루만져 주기라도 한 것이었을까. 그는 이내 터질듯한 분노를 억누르고 평정심을 되찾았다. 독실한 가톨릭 신자였던 그는 원수를 사랑하라는 계명을 실천하겠다고 하나님께 다짐했다.

가해자를 용서하기로 하고 먼저 수감되어 있는 학생을 풀어

달라고 검사에게 탄원서부터 보냈다. 그런 후 아들의 죽음을 거룩하게 기리기 위해 아들의 이름을 따 '이대웅 음악장학회'를 설립했다. 자기 아들을 죽음으로 몰아넣은 학교에 장학금을 출연했다.

일회성 장학금 이벤트가 아니었다. 장학회를 무려 30년 동안 성심껏 운영했다. 이 회장의 헌신으로 3만여 명이 혜택을 받을 수 있었다.

이 회장은 용서의 수준을 넘어 더 큰 사랑으로 학교를 감싸 안았다. 그는 마음 깊이 진심으로 학교를 사랑했다.

서울예고가 부실 운영과 횡령 사건 등에 휘말려 재정 파탄에 이르자 이번에는 학교 정상화 노력에 팔을 걷어붙였다. 아예 학교를 인수한 후 수백억 원을 기증해 재정을 안정화했고 본인이 직접 이사장으로까지 취임해 서울예고를 섬기고 있다.

사교육 인생 후회한다

수능 세대에게 가장 유명한 학원 강사이자 성공한 교육 사업가 손주은 메가스터디그룹 회장이 한 강연에서 귀를 의심할 만한 고백을 했다. 자신은 청년 세대들이 힘든 일을 겪는 사이에 돈을 많이 벌었을 뿐 자신이 번 돈은 깨끗한 돈이 아니라는 자기반성이었다.

사교육 사업으로 성공한 그가 사교육의 폐해를 설파하는 모습은 충격적이었다. 사람이라면 누구나 자신이 성취한 일에 대해서는 포장하고 싶어 하고 과오는 되도록이면 숨기고 싶어 한다. 그런데 만천하에 공개되는 언론 인터뷰에서 자기 자신을 스스로 내려놓다니.

말뿐이 아니었다. 손 회장은 사재 300억 원을 출연해 '윤민창의투자재단'을 만들었다. 이 재단을 통해 청년들에게 자신이 진 마음의 빚을 갚아 나가려 애쓰고 있다.

정승의 마음가짐으로 일해야 정승이 된다

노블레스 오블리주noblesse oblige는 높은 사회적 신분에 상응하는 도덕적 의무와 책임을 뜻하는 말이다. 쉽게 말해 성공한 사람은 더 큰 책임감을 느끼고 사회에 봉사하고 기여해야 한다는 뜻이다.

하지만 관점을 달리해 선후관계를 한 번 되짚어볼 필요가 있다. 성공했기 때문에 책임감을 가져야 하는 건지, 책임을 다했기 때문에 성공한 건지 말이다.

대다수의 리더는 성공하기 훨씬 전부터 숭고한 뜻을 품고 출발한다. 드높은 목표를 가지고 창업을 했기 때문에 사회에 선한 영향력을 끼칠 수 있는 기업가로 성장한 거다. 다시 말해 성공하기 전에는 책임과 의무를 다하지 못했거나 안 하다가 성공한 후에서야 갑자기 사회에 기여할 방법을 부랴부랴 찾는 게 아니라는 말이다.

오히려 반대로 해석하는 게 더 자연스럽다. 회사를 세울 때부터 넓게는 인류 사회 좁게는 지역 사회에 기여할 수 있는 존엄한 목적을 가지고 창업했기 때문에 성공할 수 있었던 거다. 뜻을 품은 사람은 일하는 태도가 다를 수밖에 없고 그의 뜻에 공감한 여러 지지자와 고객들이 그를 리더로 추켜세워 준 거다.

개처럼 벌어서 정승처럼 쓰는 게 아니라, 정승의 마음가짐으로 모든 일에 임했기 때문에 정승이 된 거다. 실제로 창업가 대부분은 어려웠던 시절부터 소명의식을 바탕으로 자신을 단련하고 노력하며 성장했다.

이대봉 회장도, 손주은 회장도 단순히 돈을 많이 벌어서 또는 과시하고 싶어서 사회사업을 이어나가는 게 아니다. 주변의 평가와 상황에 관계없이 그들은 스스로 설정한 높은 기준으로 자신을 다그치며 살아왔고 앞으로도 그럴 거다. 무거운 책임을 자신에게 계속 부여하면서 말이다.

부채의식이 성장의 원동력

고결한 부채의식은 창업의 가장 큰 원동력으로 작용한다.

아동용 소프트웨어 개발사 '에누마' 이수인 대표는 원래 게임디자이너였다. 그런 그녀가 교육회사를 창업하게 된 계기는 출산이었다. 아이가 다른 아이들과 조금 다르게 태어난 것을 알았을 때 이 대표는 큰 충격을 받았다. 생각이 꼬리를 물던 중 아픈 아이에게 자신이 하등 도움이 안 되는 직업을 가졌다는 게 부끄러웠다.

그런데 웬걸 담당 의사는 게임을 정반대의 시각으로 바라보았다. 게임이라는 수단이 특수교육이 필요한 아이들에게 꼭 필요한 기술이란 거였다.

그의 말을 듣고 이 대표는 특수교육과 관련된 게임들을 검색해 살펴보았다. 자신의 예상과는 다르게 수준이 너무 낮았다. 자신이 직접 이를 해결해봐야겠다고 결심했다. 빚진 마음이 직접적인 창업의 계기였다.

지금 당신 마음에 혹시 누군가에 대한 큰 죄책감이 있는가? 그 사람 또는 그 일만 생각하면 자다가도 벌떡 일어나지고 심장이 조여오는가?

어쩌면 신이 당신을 창업가의 길로 인도하고 있는지도 모른다.

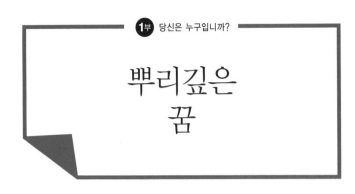

뿌리깊은 꿈

이수만 SM엔터테인먼트 회장, 양현석 YG엔터테인먼트 대표, 박진영 JYP 엔터테인먼트 대표 그리고 한성호 FNC엔터테인먼트 대표는 연예계에서 대표적인 주식 부호다.

이중 유독 눈길이 가는 이름이 있다. 바로 한성호 FNC 대표다. 소속사 없이 활동하던 유재석 씨를 영입하고 예능 프로그램 라디오스타에도 출연하면서 최근에는 모르는 사람이 없을 만큼 유명해졌지만, 사실 그전까지만 해도 대중은 한 대표의 존재를 알지 못했다.

진화하는 꿈을 좇은 무명가수

가수 조성모 씨가 '투 헤븐To Heaven'으로 국민 발라드 가수로 등극하는 순간을 씁쓸하게 바라보던 가수 지망생이 있었다. 이유인즉 자신이 데뷔곡으로 준비 중이었던 노래가 바로 투 헤븐이었기 때문이다. 녹음까지 마치고 데뷔가 코 앞이었는데 갑작스럽게 노래의 주인이 바뀌어 버렸다.

이 가수 지망생이 한성호 대표였다. 대학 시절 밴드 동아리에 가입하면서부터 가수의 꿈을 키워왔는데 눈 앞에서 성공 기회를 놓쳐 버렸다.

하지만 그는 포기하지 않았고 다시 '비Be'라는 그룹으로 새로운 출발을 준비했다. 가수의 길이 애초에 아니었던 것일까. 이번에는 동명의 가수 '비Rain'가 나오면서 대중의 기억 속에서 잊혀 버렸다.

여기까지가 가수 한성호 이야기다. 비록 유명 가수가 될 순 없었지만 그는 자신의 상황에 맞추어 음악 분야에서 작곡가로서 보컬트레이너로서 차근차근 자신만의 꿈을 진화시켜 나갔다.

연습생부터 트레이너까지 폭넓은 경험이 쌓이자 그에게는 새로운 판을 읽어낼 수 있는 통찰력이 생기기 시작했다. 그는 자신의 경험을 응축해 한국 최초로 밴드형 아이돌을 기획하며 연예계에 일대 파란을 일으켰다. 그 유명한 '씨앤블루'와 'FT 아일랜드'가 바로 그의 작품이다. 대한민국 굴지의 연예기획사 수장으로 성장했다.

사법고시 합격을 내던질 수 있는 힘

헤어드라이어로 유명한 유닉스전자의 이한조 대표는 검사 출신 CEO다.

사법고시 합격은 매우 어려운 일이다. 전국 수재들이 모여 있는 서울대 법대생들도 쩔쩔매는 시험이 사시다.

시험에 합격할 확률도 희박하지만 검사로 임용되는 과정은 더 험난하다. 판검사로 임용되려면 사법고시 합격 후에도 연수원 과정에서 최상위권 성적을 유지해야 하기 때문이다. 대한민국에서 소수 정예로 살아가는 검사의 자부심이 클 수밖에 없는 이유다.

그렇게 어렵게 얻어낸 검사직을 이 대표는 과감하게 내려놓아 버렸다. 평범한 사람이라면 젊은 시절 분초를 아끼고 아껴 법을 공부한 만큼 아까워서라도 계속 법조계에서 일하려 했을 거다. 물론 경영에서 법률 지식이 도움이 되는 영역도 많이 있다. 하지만 경영자로서의 길을 선택하는 순간 법조인으로서의 경력은 사라지게 된다. 제아무리 판검사라도 새로운 영역에서는 신입사원이나 다름없다.

어느 누가 자신이 쌓아 올린 전문성을 쉽게 내려놓을 수 있겠는가. 그렇지만 이 대표는 망설임 없이 새로운 도전에 나섰다. 법복을 벗어 던지고 미용사 자격증까지 따면서 바닥부터 배워보기로 했다.

이한조 대표와 한성호 대표, 두 사람이 각각 걸어온 길은 전혀 달라 보이지만 이들에게는 한 가지 공통점이 있다.

그들에게는 흔들리지 않는 꿈이 있었다는 점이다.

다양한 인생 경험 속에서 진중하게 자신만의 꿈을 단단하게 다져왔다. 뜻대로 상황이 풀리지 않자 유연하게 목표를 수정할 수 있었던 원동력도, 오랜 시간 동안 쌓아 올린 영광을 내던질 수 있는 용기도 그들만의 뿌리 깊은 꿈이 있었기에 가능한 일이었다.

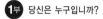

운명의
순간

강태공은 한평생을 이렇다 할만한 업적을 이루지 못한 채 하루하루를 보내고 있었다. 아니 더 정확하게 표현하면 무척이나 빈곤하게 살았다. 나루터에서 한량처럼 지내며 하는 일이라고는 독서와 낚시뿐이었다.

그런데 한 가지 흥미로운 점은 그의 낚싯대에 바늘이 없었다는 거다. 그는 왜 이렇게 해괴한 낚시를 하고 있었을까?

그가 낚시터에서 기다린 건 물고기가 아니라 다름아닌 '때' 였다. 자기 뜻을 알아줄 사람을 만나 능력을 마음껏 펼칠 수 있는 순간을 기다리고 있었다. 그것도 무려 72년 동안이나.

익히 알려진 바처럼 강태공은 일흔이 넘은 나이에 주나라 문왕을 운명적으로 만나게 되고 함께 천하를 평정하게 된다.

언제 창업해야 할까?

창업을 준비하고 있는 사람이라면 자신만의 타이밍에 대해 진지하게 고민해볼 필요가 있다.

나는 대학생이나 사회 초년생을 대상으로 종종 창업 특강을 나가는데 그럴 때마다 이와 관련된 질문을 꼭 받는다. 언제 창업하는 게 좋으냐는 질문이다.

나 역시도 창업가를 꿈꿀 때 창업 시기에 대한 부분이 정말 궁금했었다. 회사에 입사하니 선배들이 과장 전후해서 결단을 한 번 하는 게 좋다고 했다. 독립해 창업할지 조직에서 임원을 목표로 일할지 결정해야 하는 시점이라고 했다.

사업가 선배에게 물어보니 사업은 일찍 하면 할수록 좋단다. 한살이라도 더 젊을 때 깨지면서 빨리 배우고 자리를 잡는 게 좋다고 조언해주었다.

또 다른 이는 사회 경험을 충분히 쌓고 잘 준비한 후에 해도 늦지 않다고 말하기도 했다.

정말이지 헷갈렸다. 도대체 언제 창업하라는 건지.

설사 내일 죽는다고 하더라도 오늘 꼭 하고 싶은 일

김영찬 골프존 회장은 40대 후반에 회사를 퇴직했다. 삼성전자에 경력직으로 입사해 시스템사업부장까지 역임하며 하나의 사업부서를 도맡아 책임졌다.

기업가로서 충분히 준비된 인재였지만 그는 퇴직 후 바로 창업에 나서지 않았다. 오랜 시간 경영 수업을 받았음에도 불구하고 수년 동안 사업 아이템을 고민하는 시간을 가졌다.

자신이 잘할 수 있고 오래오래 좋아할 수 있는 일을 찾고 싶어서였다. 자신의 인생을 찬찬히 돌아다 보니 인터넷, 정보통신, 네트워크 그리고 골프 등 네 가지 키워드로 생각이 정리되었다. 이와 관련된 일이라면 한 번 도전해볼 만하겠다는 확신이 들었다.

그렇게 50대 중반이 되어서야 골프존을 설립하며 신중하게 창업가의 길로 들어설 수 있었다.

김 회장도 비교적 늦은 나이에 창업을 한 편이지만 이보다 더한 사람도 있다. 죽음을 앞두고 창업을 한 경우다.

하형록 팀하스 회장은 미국 명문 펜실베이니아 대학을 졸업한 후 건축설계 회사에 입사해 29살이라는 나이에 부사장이라는 자리에 오를 만큼 승승장구했다.

그런 그가 한 번에 나락으로 떨어졌다. 심장이 불시에 빠른 속도로 계속 뛰어 죽을 수도 있는 심실빈맥증이라는 병에 걸렸다. 젊은 나이에 생사를 오가는 지경이 되어버렸다.

우여곡절 끝에 심장을 이식받으며 간신히 죽을 고비를 넘겼다. 하 회장은 인생이 다르게 보였다. 그는 보너스로 인생을 새롭게 얻었다고 생각했다. 죽을 수밖에 없는 상황에서 기적처럼 살아났기 때문이었다. 운 좋게 덤으로 얻은 인생으로 이웃을 섬기면서 살아야겠다고 다짐했다.

살아나긴 했지만 그렇다고 완전히 회복된 건 아니었다. 내일 당장 죽는다고 해도 전혀 이상하지 않을 만큼 미래를 예측하기 어려운 상황이었다. 그럼에도 불구하고 그는 창업을 결심했다.

고객에게 자신의 상태를 솔직하게 털어놓으며 영업을 계속해나갔다. 자기는 언제 죽을지 모르는 심장 이식 환자이니 만일을 대비해 실무는 자신이 아닌 다른 직원이 맡게 될 것이라는 말까지 하면서 말이다.

바로 이때다. 이 순간이 창업해야 하는 순간이다.

나이가 중요한 게 아니라 하 회장처럼 내일 죽을지도 모르지만, 오늘 꼭 해야만 하는 일을 찾았을 때다. 단 한 점의 의심도 없을 만큼 내 목숨을 걸고서라도 반드시 해야만 하는 일을 발견했을 때 말이다.

빨리하느냐 늦게 하느냐가 중요한 게 아니다.

당신은
누구입니까?

한국형 워게임War Game 개발회사 '심네트'를 창업한 차진섭 대표는 육사를 졸업한 후 25년 동안 군 복무를 한 군인이다.

차 대표가 군대에 있을 때만 해도 한국에는 자체적으로 제작한 워게임 시스템이 없어 미군이 개발한 시스템으로 훈련을 해야만 했다. 한국 특유의 작전 환경이나 무기 체계가 시스템에 반영되지 못해 훈련에 애로 사항이 많았다. 여기에 문제 의식을 느낀 차 대표는 자신이 직접 한국군에 최적화된 모델을 개발해보고자 심네트를 세웠다.

이 사업은 수많은 워게임 훈련을 기획하고 직접 수행한 군인 차진섭만이 성공시킬 수 있는 사업이었다.

진짜 설명할 방법이 없네

김영식 천호식품 전 회장은 '남자한테 참 좋은데 설명할 방법이 없네'라는 광고 하나로 일약 스타덤에 올랐다. 사실 메시지 자체만 놓고 보면 아주 특별한 내용도 아니지만, 김 회장은 이를 특유의 표정과 말투로 기가 막히게 재미있는 광고로 풀어냈다.

그의 진솔하고 유쾌한 에너지는 어딜 가나 빛을 발한다.

그의 강연을 한 번이라도 본 사람이라면 단번에 그의 매력에 푹 빠져버린다. '남자한테 참 좋은데…' 한마디만 해도 사람들은 깔깔대며 환호의 박수로 화답한다.

단순히 웃기는 강의만 하는 게 아니다.

사채업자한테 현금다발을 빌려 방바닥에 뿌리며 가난하다고 놀림당하던 아이를 달래주는 사연부터 빚에 허덕이다 죽으려는 찰나 세무 공무원에게 전화 받고 다시 정신을 차린 사연까지 삶의 곳곳에서 어려움을 이겨낸 그의 이야기에 모두가 숙연해진다. 울고 웃다 보면 강의 시간은 금세 지나가 버린다.

강의를 끝내며 그가 힘차게 '10미터만'하고 외치자, 관중석에서는 '뛰어봐! 뛰어봐! 뛰어봐!' 로 크게 화답한다. 콘서트장에 온 것 같은 느낌이다.

이것이 김 회장의 힘이다.

천호식품에서 생산하는 제품은 흔한 건강기능식품이다. 물론 좋은 제품이지만 그렇다고 시장에서 구하기 어려울 만큼 특출난 제품은 아니다. 그럼에도 불구하고 김 회장은 제품에 특유의 스토리를 입혀 천호식품을 유명한 기업으로 키워냈다.

천호식품의 성공을 경영전략 이론으로 그럴싸하게 한 번 설명해보고 싶은데…어떻게 설명할 방법이 없다.

센 언니의 특별한 육감

|

로레알이 '스타일난다'를 인수하면서 세간의 주목을 한 몸에 받은 창업자 김소희 대표도 마찬가지다. 모두가 그녀의 성공 비결을 궁금해하며 여러 분석을 시도했지만 사실 '콕' 찍어서 성공 전략을 명쾌하게 설명할 수 있는 사람은 없었다.

김 대표 본인 스스로도 특별한 목표를 설정한 건 없었고 협력사에 줄 거 주고 고객에게 받을 거 받고 국가에 낼 거 내다보니 성장한 것뿐이라고 쿨하게 말할 뿐이다.

김 대표는 자신이 입고 다니던 재킷이 예쁘다며 중고라도 사겠다는 주변 사람들의 반응에 힘입어 쇼핑몰을 창업했다. 그녀가 예쁘다고 생각한 제품들을 하나씩 올렸는데 올릴 때마다 반응은 가히 폭발적이었다. 그녀의 감은 예사롭지 않았다. 회사 이름 그대로 스타일이 독특하고 멋졌다. 센 언니들이 좋아하는 쇼핑몰로 명성을 얻으면서 급성장했다.

단순히 발 빠르게 트렌드를 잘 캐치해 쇼핑몰을 키웠다고 말하기에는 무언가 아쉽다.

그가 교육장을 지키는 이유

이영덕 회장은 한솥도시락을 창업해 국내 일등 도시락회사로 키워냈다.

우리 사회가 선진화될수록 도시락 같은 가정식 대체식품 Home Meal Replacement 시장이 커질 것을 미리 예견한 것도, 가성비가 뛰어난 도시락 메뉴를 개발한 것도 성공 비결이지만, 그보다 본원적인 성공의 비밀은 이 회장 철학에 있다.

일흔을 바라보는 나이에도 불구하고 그가 창업 이래 단 한 번을 빠지지 않고 지키는 자리가 있다. 가맹점주를 교육하는 일이다. 말끔하게 정장을 차려입고 강의장으로 들어가 그의 신념을 쏟아낸다. 외식업의 본질에 관해 설명하며 "외식업은 착해야 성공할 수 있다"는 점을 소리 높여 강조한다. 훈장 선생님처럼 "올바른 태도로 자신의 그릇 크기를 키워나가는 사업가가 되야 된다"고 신신당부하며 강의를 마친다. 마흔이 넘은 나이에 외식업을 창업해 굴지의 기업을 일궈낸 그의 가르침은 묵직하게 가슴을 파고든다.

실제로 외식업에 몰두하는 그의 태도는 비장하다. 주말에도 특별한 일정이 없으면 회사에 나가 현안들을 챙기는 건 기본이고, 유명한 음식점을 발견이라도 하면 한걸음에 현장으로 달려가 본다.

그는 외식업을 진정으로 사랑한다. 한솥도시락은 성공할 수밖에 없었다.

'What & How'보다 'Who & Why'가 더 중요하다

나는 신규 사업을 검토하고 기획하는 일을 주로 해왔다. 그러다 보니 신사업을 검토하는 보고서를 많이 썼는데 10년 전과 지금 보고서 내용을 비교해보면 정말 판이하게 다르다.

가장 큰 차이점은 '무엇을 어떻게 할까' 보다 '누가 왜 해야 되는지'에 대한 내용을 보다 더 심도 있게 분석한다는 점이다.

과거에는 요즘 뜨는 아이템이 무엇인지 어떤 산업이 빠르게 성장하고 있는지 그리고 해당 분야에 진입하려면 어떤 전략과 실행 계획이 필요한지를 주로 검토했었다.

하지만 지금은 이런 기술적인 부분보다 창업자가 왜 회사를 창업했는지 누구와 함께하고 있는지를 더 깊이 들여다본다. 기업의 연혁을 창업자 내적 동기부터 분석해 나오다 보면 해당 기업이 왜 성공했는지 앞으로 얼마나 성장할지 가늠해볼 수 있다.

심네트, 천호식품, 스타일난다 그리고 한솥도시락도 마찬가지다. 기업만을 놓고 분석하다 보면 뭔가 풀리지 않는 퍼즐들이 창업자의 혼을 분석하다 보면 명쾌하게 풀린다.

그들은 모두 대체 불가능한 자신만의 진정성 있는 스토리를 가지고 있었다.

창업에 성공 매뉴얼 같은 건 없다. 혁신가가 아니어도 되고 전문가가 아니어도 된다. 하지만 분명한 건 누구도 모방할 수 없는 자신만의 매력이 있어야 한다. 그래서 난 창업가를 만날 때마다 반드시 물어본다.

"당신은 누구입니까?"

2부

1등에게
무릎을 꿇어라

- 누구나 열심히 한다

- 그래서 훈련 방법이 더 중요하다

꿈의 크기가
태도를 결정한다

문을 열고 들어서자 말끔하게 차려입은 직원들이 활짝 웃으며 나를 반겨준다. 직원들의 표정에서 자부심과 야무진 꿈이 묻어 나온다.

대기석에 앉아 세련된 유리잔에 담긴 커피 한잔을 마시고 은은한 조명 아래에서 시원한 머리 마사지까지 받으니 왕이라도 된듯한 기분이다. 들어서는 순간부터 마지막 순간까지 모든 것이 완벽하다.

준오헤어는 어떻게 이런 문화를 만들어낼 수 있었을까?

전 재산으로 직원들과 함께 유학길

창립자 강윤선 대표는 일숫돈을 빌려 미용실을 창업했다. 사업을 시작할 때 빚을 지게 되면 마음이 무거울 수밖에 없다. 웬만한 사람들은 사실 겁이 나서 돈을 빌리지도 못한다. 은행 등 제도권 금융에서 빌려도 무서운 게 빚이건만 못 갚으면 어떤 봉변을 당하게 될지 모르는 사채로 사업을 강행했다. 2년 동안 매일같이 일수를 찍으며 돈을 갚아야만 했지만 미래에 대한 확신이 있었기에 두려움 같은 건 없었다.

강 대표는 늘 그랬다. 현실의 모습에 안주하기보다 미래지향적으로 통 큰 결단을 내렸다.

사업 초창기 기업 이미지통합CI작업에 거금 1억 원을 투자했다. 당시만 해도 미용업계에서 체계적으로 CI를 관리하는 경우도 드물었거니와 하물며 동네 미용실이 이런 시도를 하다니. 미친 짓이라고 손가락질을 받을 만한 일이었다.

강 대표는 그저 그런 동네 미용실을 원한 게 아니었다. 국내 최고의 미용 기업을 꿈꾸었다. 그랬기에 투자 하나하나에 늘 과감할 수 있었다. 미래를 위한 일이라면 집을 파는 것도 불사했다.

그녀는 미용실도 안정되고 집도 장만하면서 자리를 잡아가던 중 돌연 유학을 결심한다. 그것도 자기 혼자도 아니고 전체 직원 모두를 데리고 말이다. 유학 준비를 위해 자신의 전 재산이나 다름없는 집을 팔고 돈이란 돈은 다 끌어모아 2억 원을 마련했다. 열일곱 살 때부터 미용 일을 시작해 악착같이 모은 돈이었다. 힘겹게 모은 돈으로 직원 16명을 데리고 헤어 디자이너 사관학교로 불리는 영국 비달사순 아카데미로 유학을 떠났다. 자신의 전 재산을 모두 투자해 직원들과 함께 두 달 동안 연수를 받았다.

연수를 마치고 돌아온 강 대표는 성북동 산동네에 1,400만 원짜리 전세방으로 들어가야만 했지만 개의치 않았다.

체면 같은 건 상관없다. 배울 수만 있다면

박현주 미래에셋 회장은 21살 때부터 주식투자를 시작했고, 26살 때 사설 투자자문사를 설립하며 본격적으로 투자자의 길로 들어섰다.

이른 나이에 투자자문사를 창업한 것도 범상치 않았지만, 이보다 더 눈에 띄는 행보는 그가 명동 사채 시장의 대모라 불리는 백희엽 씨를 찾아간 사건이었다.

일명 백할머니로 불렸던 그녀는 주가 조작이 만연하던 시절 장기적인 관점에서 우량 주식에 투자해 큰 수익을 내고 있던 업계 큰손이었다. 박 회장은 백할머니 사무실로 찾아가기도 하고 기업 탐방에 동행하기도 하며 그녀의 투자 철학을 배우려 노력했다. 시작부터 남다르게 일을 배웠다.

실력을 갈고닦으며 투자자문사를 운영하던 박 회장은 문득 자신 같은 개인사업자가 독자적 브랜드로 시장에 뛰어들기는 시기상조라는 생각이 들었다. 무엇보다 실력을 좀 더 쌓고 싶었다.

자문사를 정리하고 증권사에 입사하기로 했다. 그동안 쌓아놓은 평판이 있어서인지 대리나 과장으로 특채하겠다는 회사들도 제법 있었다. 하지만 박 회장 눈에 이들 기업은 성에 차지 않았다. 그는 더욱 많은 것을 배울 수 있는 상사 밑에서 일하길 원했다.

그는 자신이 직접 선택한 스승, 동양증권 이승배 상무를 찾아갔다. 이 상무는 수습사원부터 시작해 8년 만에 이사가 될 만큼 업계에서 실력을 인정받은 최고의 인재였다.

하지만 이 상무는 박 회장이 탐탁지 않았다. 수습부터 시작한다면 모를까 어림도 없다며 박 회장을 돌려 보내버렸다.

그렇다고 물러설 박 회장이 아니었다. 박 회장은 바닥부터 다시 시작할 테니 대신 청을 하나 들어달라고 했다. 일을 제대로 배울 수 있게 이 상무 바로 앞자리에 자신의 자리를 만들어 달라는 거였다. 이 상무도 더는 그의 청을 거절할 수 없었다.

그렇게 투자자문사 대표 박현주는 동양증권 신입사원이 되었다. 직급 같은 건 그리 중요하지 않았다.

미래에 대한 생각이 오늘의 나를 규정한다

자기 스스로 미래 자신의 모습을 어떻게 가정하느냐에 따라 지금 내가 하는 결정은 모두 달라질 수밖에 없다. 인류 사회에 기여할 수 있는 기업을 꿈꾸며 창업을 준비하는 사람과 단지 먹고살기 위해 창업을 준비하는 사람이 하는 행동은 다를 수밖에 없다.

혹시 자신의 꿈에 얼마를 배팅할 수 있는지 구체적으로 한번 계산해본 적이 있는가?

무일푼으로 네트워크마케팅 회사 '애터미'를 창업한 박한길 회장에게 수억 원은 그렇게 큰돈이 아니었나 보다. 박 회장은 애터미를 창업하면서 최고 직급에 오르는 첫 사업자에게 현금 10억 원을 지급하겠다고 약속했는데 최근 실제로 그 약속을 지켰다. 수상자에게 현금다발을 안겨주는 그의 모습은 영화의 한 장면 같았다.

변변찮은 사무실 하나 없었던 그였건만 도대체 무슨 깡으로 그렇게 많은 돈을 주겠다고 공언할 수 있었던 것일까?

박 회장은 정말 사업 초기부터 자신이 9년 만에 9,000억 원이 넘는 매출을 달성할 거란 사실을 진짜 예지하고 있었을까?

믿음은 보이지 않는 것들의 증거다.

자세교정에 목숨을 걸어라

매출액 8,000억 원 규모의 성호그룹을 이끌던 송재성 창업주가 산길을 오르며 소리를 고래고래 질렀다.

"나는 나쁜 놈이다!"

그는 왜 이렇게 기이한 행동을 했을까?

갑의 때를 벗겨내다

송 회장은 한양대 토목공학과를 졸업하고 내무부에서 공무원

생활을 시작했다. 명문대에서 공부하고 나랏일 하면서 살아가다 보니 자신도 모르게 대접받는 게 몸에 베어있었다.

23년 동안의 공직 생활을 마무리하면서 변화의 필요성을 느꼈다. 사업가로 변신하려면 갑의 위치에 안주해있던 자신과 결별해야 했다. 공무원 마인드를 버리고 뼛속까지 개조해야겠다고 마음먹었다.

무언가 특단의 조치가 필요했다. 송 회장은 등산에 나섰다. 산을 오르내리며 과거의 자신을 지우려 발버둥쳤다. 아니 소리쳤다. 자신을 몰아세우면서까지 말이다.

그는 사업 여정을 통틀어 몸에 밴 공무원 마인드를 고치는 과정이 가장 힘들었다고 회고했다.

비행 청소년에게 태권도를 가르치는 이유

환경 시스템 회사 '라이트하우스' 김태연 회장은 태권도 도장을 운영하는 태권도 10단의 무술 고수다. 그녀는 태권도로 끊임없이 몸과 마음을 수련하며 영성을 키워왔다. 단순히 취미 수준이 아니었다. 미국 여자팀을 이끌고 국제 태권도대회에 참가하기도 했고, 세계무술협회에서 여성 최초로 대사범직을 부여받기도 했다.

그녀가 격파하는 모습을 곁에서 보고 있노라면 강렬한 기합 소리에 압도되어버린다.

단순히 소리가 커서 그런 것만은 아니다. 부정적인 사고의 장벽을 산산조각내는 그녀만의 의식이기 때문이다.

김 회장은 어린 시절부터 어두운 세계관을 극복해내야만 했다. 그녀는 태어나는 순간부터 말 그대로 '재수 없는 가시나' 였다. 아이를 받아낸 할머니는 대가 끊겼다고 부엌에서 끓고 있던 미역국을 내동댕이쳤고 할아버지는 자신이 무슨 죄를 지었기에 이런 벌을 받아야 하냐며 울부짖었다. 아버지는 술만 마시면 손찌검을 했고 어머니는 딸로 태어난 김 회장을 원망하기만 했다. 태어날 때부터 축복이라고는 받아보지 못했다.

그렇게 천대받았던 소녀는 수십 년이 지나고 많은 사람에게 존경받는 CEO가 되었다. 영어 한마디 못했던 그녀가 미국에 이민 가 첨단 기술 기반의 회사를 창업해 성공시켰다.

단순히 부와 명예만을 좇은 것도 아니다. 태권도 스승으로서 많은 이들에게 진정한 참사부가 되어 주었다.

마약, 알코올 중독에 빠져있던 아이들을 입양해 훌륭하게 키워냈다. 그뿐만 아니라 자신처럼 어려운 환경에서 방황하는 청소년들을 도장으로 불러 태권도를 함께 훈련하며 올바른 가치관을 가르쳤다.

그녀는 지금도 'He can do. She can do. Why not me?'을 외치며 많은 이들에게 꿈과 용기를 주고 있다.

자신만의 특별한 의식이 필요

인간은 정말 정말 너무나도 의지가 박약한 존재다.

아무리 훌륭한 목표를 세우고 의지를 다져도 며칠만 지나면 잊어버린다. 하루에도 몇 번씩 생각이 바뀌는 게 인간이다. 조금만 방심해도 머릿속은 온통 부정적인 생각들과 망상들로 채워져 버린다.

그래서 의식이 필요하다. 태권도를 하든 소리를 지르든 나의 성장을 방해하는 훼방꾼들이 얼씬도 못 하게 해야 한다.

1등에게
무릎을 꿇어라

나는 세미나나 포럼을 다니며 항상 새로운 정보를 수집하곤
한다.

지적 호기심을 충족하기 위한 목적도 있지만, 그보다는 사
업에 도움이 되는 고급 정보를 수집하고 싶어서다.

이유야 어찌 되었건 참석할 모임을 선별할 때면 내가 반드
시 지키는 원칙이 하나 있다. 사실 노하우이기도 하다.

그건 바로 공짜 수업은 되도록 피하자는 거다.

세상에 공짜는 없다

"정말 남는 거 하나도 없이 원가에 드리는 거예요. 진짜 돈 버시는 거예요. 제가 정말 문 사장님께만 특별히 이렇게 드리는 거예요"

사업을 하면서 늘 듣는 이야기였다.

진심을 곡해할 의도는 없지만 이런 말의 이면에는 항상 상대방의 의도가 숨겨져 있다. 무료 제품을 미끼로 다른 제품을 더 비싸게 판매하기 위한 목적일 수도 있고, 지금 당장은 이익이 되지 않더라도 나중에 무언가 중요한 부탁을 할 때를 대비한 사전 포석일 수도 있다. 순수한 호의인 줄 알았는데 나중에 보면 쥐도 새도 모르게 손해를 본 경우가 부지기수다.

세미나나 포럼도 마찬가지다. 겉으로 보기에는 고급 정보를 무료로 제공해주는 것 같지만, 이면에는 고객 정보 수집, 홍보 등 행사 주최 측의 숨겨진 의도들이 있다. 이런 세미나에는 별로 먹을 게 없다.

반면 최고급 정보 또는 인맥 네트워크를 제공해주는 행사는 되게 은밀하게 숨겨져 있다. 별다른 홍보를 하지도 않을뿐더러 사전 등록이나 예약을 하지 않으면 입장할 수도 없다. 참석 비용도 매우 비싸다. 일부 모임은 심지어 기존 참석자가 추천

해주지 않으면 아예 들어갈 수도 없다. 이런 곳에 가야 도움이 될 만한 진짜 정보를 접할 수 있다.

창업에 관한 노하우도 마찬가지다. 창업을 준비하다 보면 여기저기서 들려오는 가짜 정보와 광고에 질식되어 버린다. 이렇게 창업해야 한다고 그럴싸한 훈수를 두지만 정작 까보면 알맹이는 없다.

진짜 창업비기는 경영 구루들의 마음 깊은 곳에 꼭꼭 숨겨져 있다.

도제식 교육을 자청한 이유

이영덕 한솥도시락 회장은 일본에서 부유한 재일교포 2세로 태어났다. 학창시절 1등을 도맡아 했고 학생회장 활동까지 하면서 이른바 엄친아로 인정받던 학생이었다. 일본에 살면서 그 흔한 조센징이라는 놀림 한 번 받지 않았을 만큼 누가 봐도 아쉬울 게 전혀 없이 자라왔다.

그런 그도 경영을 배울 때만큼은 겸허하게 머리를 숙였다. 도제식으로 사업을 배우고자 일본 최고의 도시락 회사 '혼케 가마도야' 사장을 찾아갔다. 그리고 영업 현장부터 본사 관리까지 프랜차이즈 사업을 체계적으로 3년 동안 배웠다.

그런데 한 번만 더 곱씹어보면 이 회장 입장에서 그런 결단을 내린다는 게 쉬운 결정은 아니었을 거다. 서울대 법대 출신 재력가였던 40대 남성이 누군가 밑에서 바닥부터 일을 다시 배운다는 건 자존심에 상처를 받을 수도 있는 일이었다. 보고서 오타 하나만 지적받아도 감정이 상하는 게 평범한 사람의 모습이 아니던가. 하물며 이 회장은 어떤 마음이었겠는가.

그가 이런 결단을 내릴 수 있었던 이유는 지난날의 실패덕분이다. 사실 그는 도시락 사업을 시작하기 전 호텔사업 등 여러 가지 사업을 했었다. 하지만 결과가 썩 좋지만은 않았다. 반복되는 실패 속에서 자신을 돌아볼 수 있게 되었고 좀 더 준비가 필요하다는 사실을 통렬히 깨달았다.

자신이 왜 일하는지 영혼이 있는 일류 기업을 만들려면 어떻게 해야 하는지 오랜 시간 동안 고심에 고심을 거듭했다. 일류가 되는 법을 제대로 배우고자 스승을 찾아 일본으로 갔다. 학력, 나이, 사회적 지위 등은 그에게 중요한 게 아니었다.

성공하는 법과 1등이 되는 법은 완전히 다르다

셀트리온은 올해 시가총액 37조를 기록하며 삼성전자, SK하이닉스에 이어 단번에 코스피 시가총액 3위 기업으로 등극했다. 포스코 등 내로라하는 국내 대기업 시가총액을 넘어선 진 기록이다. 서정진 회장은 창업 20년 만에 셀트리온을 대한민국 국가대표 기업으로 키워냈다.

그런데 한 가지 흥미로운 점은 그가 셀트리온을 창업하기 전까지 바이오 문외한이었다는 점이다. 그는 대학에서 산업공학을 전공하고 대우자동차에서 근무한 이력밖에 없다.

서 대표가 창업을 모색하게 된 계기는 IMF 외환위기로 뜻하지 않게 직장을 잃으면서부터였다. 새로운 일을 찾던 중 바이오산업에 비전이 있다는 것은 발견했다. 덜컥 사업을 시작했지만 그렇다고 구체적인 계획이 서 있지는 않았다.

그는 사업 아이템을 찾으려 수십 개국 나라를 탐방하며 일면식도 없는 전문가 및 바이오 기업 관계자를 무작정 찾아갔다. 물어물어 '복제약' 시장이 앞으로는 더욱더 커지게 된다는 점을 알아낼 수 있었다.

지금이야 삼성그룹을 포함해 많은 대기업이 미래 신사업으로 복제약 사업을 주목하고 있지만, 셀트리온이 복제약 사업을 처음 시작할 때만 해도 이 시장은 국내 전문가들도 잘 알지 못하는 분야였다.

그런데 서 회장은 자신의 전공도 아니었고 경험도 없는 분야에서 황금 시장을 캐내었다. 세계 최고 권위자들에게 귀동

냥하면서 말이다. 세계적인 권위자에게 지혜를 구하지 않고 단순히 국내 전문가에게만 의존했다면 복제약 사업에 대해 절대로 확신을 가지지 못했을 거다.

누구에게 배우느냐가 중요하다. 정상을 정복한 사람에게 배우는 것과 산 중턱까지만 올라본 사람에게 배우는 것은 천지 차이다.

정상에 오르지 못한 사람은 절대 정상에 오르는 법을 설명해줄 수가 없다. 산 중턱에 오른 사람은 거기까지만 설명해줄 수 있을 뿐이다. 물론 멀찌감치 정상에 오른 사람을 관찰해 어렴풋하게나마 등산 방법을 설명해줄 수는 있겠지만, 호흡은 어떻게 하는지 발걸음은 어디로 내디뎌야 하는지 등 세세한 노하우를 생동감 있게 설명해줄 수가 없다.

1등이 되는 방법은 1등에게 배워야만 한다.

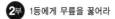

두 눈으로
똑똑히 보라

이제 갓 입사한 총무팀 신입사원이 코피 터지게 뛰어다니고 있다. 신규 런칭한 매장이 급속도로 늘어나면서 입사하자마자 일복이 터진 거다. 눈코 뜰 새 없이 바쁜 시간이었지만 청년은 이때 큰 깨달음을 얻는다.

'사업은 이렇게 하는 거구나'

이 청년이 훗날 햄버거 프랜차이즈 '맘스터치'를 창업하는 정현식 해마로푸드서비스 대표이다.

그는 대학을 졸업하고 '배스킨라빈스31' 가맹사업부서에서 일을 배웠다. 덕분에 국내 처음으로 출시되는 신규 브랜드의 성공 과정을 3년 동안 현장에서 두 눈으로 직접 지켜볼 수 있었다. 몸으로 배운 가맹사업은 훗날 맘스터치를 창업할 때 큰 자양분이 되었다.

오감으로 배우는 살아있는 지식

나는 수산물 가공식품 회사를 창업한 후 6개월 만에 롯데, GS 등 대기업에 해물탕 등의 제품을 납품했다. 수산업에서 전문 경험을 쌓은 것도 아니었고 대기업에 이른바 빽이 있는 것도 아니었지만, 국내 굴지의 유통회사에 내 제품을 납품할 수 있었다.

이런 납품 이력 때문인지 가락시장에서 사업을 하시는 사장님들은 나를 만날 때마다 어떻게 그렇게 짧은 시간 안에 대기업에 납품을 성공시킬 수 있었는지를 꼭 물어보곤 했다. 그도 그럴 것이 수산업 비즈니스를 수십 년 해도 대기업 근처에 한 번도 못 가본 기업이 수두룩하기 때문이다.

비결이라고 말하기도 민망할 만큼 내 비법은 단순했다. 대기업에 납품하는 방법을 내 두 눈으로 직접 보면서 배운 것밖에 없다.

난 사업을 준비하면서 수산업계 전설로 불리는 반도수산 김시춘 대표부터 먼저 만나보기로 했다. 김 대표는 노량진 수산시장에서부터 시작해 대기업 최우수 협력기업을 일궈낸 성공한 기업가였다.

평소 알고 지내던 지인들에게 물어물어 그의 연락처를 어렵게 구했다. 김 대표를 찾아가 난 다짜고짜 어떻게 하면 대기업에 납품할 수 있는지 가르쳐달라고 사정했다. 아니 애걸복걸했다는 표현이 더 정확할 거 같다. 갖은 선물 공세는 기본이었고 예의 바르게 노하우를 전수해달라고 간절하게 부탁드렸다.

김 대표는 내가 안쓰러웠는지 기특했는지 모르겠지만 여하튼 마음의 문을 열어주었고 나에게 영업 비밀을 전수해주기로 했다.

여러 가지 조언을 해주었지만 무엇보다 내가 직접 영감을 얻었던 시간은 김 대표가 롯데그룹 MD구매자와 직접 대화하고 협상하는 모습을 옆에서 지켜보는 거였다.

MD와 어떻게 친분을 유지하고 납품 협상은 어떻게 하는지 김 대표 회사 직원인 거처럼 졸졸 따라다니면서 하나하나 유심히 살펴보았다.

그게 끝이다. 교육 시간으로만 따지만 몇 시간도 채 되지 않았지만 오감으로 현장에서 배운 노하우는 강력했다.

난 MD를 찾아가 똑같이 했다. 물론 행동 하나하나에 내 색깔을 입히는 작업을 하였지만 접근 방법 그 자체는 김 대표의 전략을 그대로 모방했다.

그리고 난 6개월 만에 거짓말처럼 롯데쇼핑 대표이사 사인이 날인된 납품 계약서를 받아낼 수 있었다.

그런데 더 신기한 건 나만 그런 게 아니라는 점이다. 반도수산에서 일을 배운 직원들은 대부분 대기업에 수백억을 납품하는 사업가로 성장했다는 점이다. 김 대표와 함께 호흡을 맞추는 사이 그들 자신도 모르게 영업 노하우를 체득했기 때문이었다.

마피아가 생길 수밖에 없는 이유

어느 나라 어떤 산업 분야이든지 정도의 차이는 있지만, 특정 산업 분야에는 암묵적인 카르텔 그룹이 형성된다. 특정 회사 출신들이 시장의 골목 골목을 장악하는 경우다.

우리에게 익히 알려진 '페이팔 마피아'도 그중 하나다. 페이팔 마피아란 페이팔 출신으로 벤처기업을 창업한 사람들을 통칭하는 말이다. 테슬라, 유튜브 등 내로라하는 미국 벤처기업을 창업한 리더들이 모두 페이팔 출신이다.

그들이 성공할 수밖에 없었던 이유는 페이팔의 성공 과정을 두 눈으로 목격했기 때문이다. 아이디어의 태동부터 서비스가 어떻게 기획되고 조직화되어가는지 투자자는 어떻게 끌어들이는지 생생하게 경험하였고, 이 과정에서 성공 방정식을 자연스럽게 배울 수 있었다. 몸으로 배운 경영 노하우들을 그대로 각자의 사업 영역에 적용하면서 성공을 거머쥘 수 있었다.

　보는 수준이 삶의 수준을 결정짓는다. 일류를 꿈꾼다면 먼저 두 눈으로 일류를 직접 봐야 한다.

기획은 엉덩이로부터
시작된다

방탄소년단이 한국 가수 최초로 미국에서 최고 권위를 가진
'빌보드 200'에서 정상을 차지했다. 그것도 영어 버전이 아닌
한국어 가사로 1위를 달성하자 세계가 깜짝 놀랐다. 자연스럽
게 빙단소년단을 기획한 빙시혁 빅히드엔터테인민드 대표에
게로 이목이 쏠렸다.

　모두가 궁금해했다. 세계의 눈과 귀를 사로잡은 음악적 영
감의 원천이 어디인지.

　그런데 그는 의외의 대답을 내놓았다. 영감이란 단어를 쓰

기가 조금 불편하다고 말하며 음악은 엉덩이가 쓰는 거라고 담담하게 읊조렸다. 작업실에 들어앉아 다양한 음악들을 많이 그리고 오랫동안 들어야만 좋은 음악을 만들 수 있다는 다소 원론적인 이야기를 할 뿐이었다.

뭔가 드라마틱한 비법을 들을 거라 기대했던 사람들은 고개를 갸우뚱했다.

하지만 대가들은 정말 그랬다. 한결같이 일에 집착할 뿐이었다.

윤홍근 부장이 경영진을 설득할 수 있었던 힘

제너시스BBQ를 창업한 윤홍근 회장은 미원그룹에서 직장 생활을 시작했다. 총무 업무부터 사료곡물 수입까지 여러 직무를 경험하며 식품 사업에 대해 경험을 쌓아가던 중 미원마니커 영업부장으로 발령을 받았다. 닭고기 사업과 본격적으로 인연이 시작되었다.

먼저 닭고기 유통 시장을 찬찬히 뜯어보았다. 시장을 분석해보니 국내 닭고기 생산량 65% 정도가 페리카나, 멕시칸 같은 소형 치킨점에서 소비되고 있었다. 미원이 닭고기 유통 사업을 키워나가려면 치킨 매장 유통망을 직접 확보할 필요가 있어 보였다.

기존 시장에 빈틈도 있어 보였다. 당시만 해도 치킨집은 호프집 느낌이 강했다. 어두침침한 조명 아래에서 맥주를 마시는 주점 분위기의 점포가 더 많았다. 치킨집이 많긴 했지만 온 가족이 함께 즐길 수 있는 쾌적한 외식 공간은 부족했다. 가족 고객을 중심으로 한 밝은 분위기의 치킨 프랜차이즈를 기획한다면 성공할 수 있다는 확신이 들었다.

윤 회장은 경영진을 찾아가 그간 자신이 준비한 사업 구상을 밝혔다. 차근차근 준비했던 사업인 만큼 회사의 리더들을 설득하는 거는 그리 어렵지 않았다. 리더들은 흔쾌히 그의 제안을 받아들였다.

그런데 문제는 추진 방식이었다. 당시 미원그룹 회장은 KFC 같은 해외 브랜드를 도입해 사업을 추진하자고 했다. 하지만 윤 회장은 이를 받아들일 수 없었다. 그는 이미 해외 브랜드를 도입해 사업을 전개하는 경우와 독자적으로 프랜차이즈 사업을 전개하는 경우를 비교 분석해본 뒤였다. 자체 상표가 아니면 수익을 내기 힘들다는 판단이었다.

윤 회장, 아니 당시 윤홍근 부장은 경영진과 격론을 벌인 끝에 승부수를 던졌다. 일종의 분사 형태로 사업부를 독립시켜 자신이 직접 운영하겠다고 했다. 게다가 자금 조달까지 자기가 책임지겠다고 했다.

단단한 실무 능력으로 완전히 무장한 그를 누구도 말릴 수 없었다. 회장조차도 말이다. 회사는 그를 한 번 믿어보기로 했고 BBQ는 그렇게 닻을 올렸다.

성공할 수밖에 없는 이유

문주현 엠디엠 그룹 회장은 1998년 부동산개발 사업에 뛰어든 이래로 거침이 없었다. 10평 남짓한 원룸에서 분양대행사를 창업한 이후 3년 만에 10억 원을 벌어들였다. 이건 시작에 불과했다.

우리나라 최초로 주상복합 아파트를 개발하고 주거용 오피스텔 개념을 도입하며 대한민국 최고의 부동산 개발 업체로 성장했다. 그리고 이를 기반으로 한국자산신탁 등의 회사들을 인수하며 금융 사업으로까지 분야를 확장했다. 엠디엠 그룹은 그렇게 큰 풍파 없이 국내 최대 규모의 종합 부동산그룹으로 발돋움했다. 어느새 매출만 1조 원을 훌쩍 넘는다.

어려움이 아예 없었던 건 아니었지만 신기하게도 문 회장은 지금까지 사업의 근간이 뒤흔들릴 만큼 큰 위기나 치명적인 사건을 겪지는 않았다.

그는 정말 천운이라도 타고난 사람이었을까?

따지고 보면 그의 성공은 어느 정도 예측된 거였다. 창업하기 전부터 이미 프로페셔널로 성장해 있었기 때문이다.

문 회장은 나산실업에 입사해 부동산개발 업무를 담당하며 실력을 키웠다. 입사 후 6년 6개월 동안 무려 일곱 번의 특진을 거듭했고 36살에 최연소 개발 담당 임원이 되었다. 그룹 안팎에서는 우스갯소리로 현대에 이명박이 있다면 나산에 문주현이 있다는 말이 나올 만큼 그는 내로라하는 업계 실력자였다. 성공할 수밖에 없었다.

고치고 고치고 또 고치고

|

윤 회장도 문 회장도 하루아침에 최고가 된 건 아니다. 성공과 실패를 거듭하며 자신만의 노하우가 쌓이고 쌓이면서 전문가로 성장했다.

세계 어린이들의 대통령 '뽀로로'를 기획한 최종일 아이코닉스 대표에게도 연단의 시간이 있었다.

최 대표는 20억 원을 투자해 야심 차게 '수호요정 미셸'을 만들었지만 실패했다. 완성도도 높았고 작품성도 뛰어났지만 시장의 흐름을 외면한 채 만든 게 화근이었다. 그는 이를 교훈

삼아 시장을 철저하게 분석해 구독자들이 인정할 수밖에 없는 캐릭터를 만들어야겠다고 마음먹었다.

먼저 공략할 고객층부터 더 세밀하게 나누었다. 2000년대 초반만 해도 애니메이션 시장에는 다섯 살 미만을 대상으로 한 콘텐츠가 거의 없었다. 유아라는 구분 아래 7살 어린이들이 볼 법한 애니메이션을 2~4살 아이들도 함께 보는 게 일반적이었다. 최 대표는 이들에게 좀 더 특화된 애니메이션을 기획해보기로 했다.

캐릭터부터 선정해야 했다. 유명한 캐릭터들을 분석해보니 강아지나 생쥐 등 우리에게 친숙한 동물들을 활용하기는 어려워 보였다. '스누피'나 '미키마우스' 등 세계적 캐릭터들이 이미 공고하게 자리를 잡은 뒤였기 때문이다. 흔하지 않은 소재를 찾던 중 펭귄이라면 한번 해 볼 만하겠단 생각이 들었다. 펭귄을 활용한 캐릭터가 아예 없었던 건 아니지만 다른 캐릭터처럼 압도적으로 시장을 장악하고 있는 펭귄 캐릭터는 없었다.

콘텐츠 내용도 관점을 바꿔 고객의 눈높이에 맞췄다. 부모들이 원하는 교훈적인 내용에 너무 집착하기보다 콘텐츠를 직접 소비하는 아이들이 공감할 만한 이야기들을 소재로 했다. '노는 게 제일 좋아'라는 가사도 이런 배경에서 탄생할 수 있었다. 사실 어느 부모가 노는 걸 좋아하겠나. 순수하게 아이들의 시각에서 바라보았기에 가능한 일이었다.

애니메이션 시간도 대폭 수정했다. 유아의 집중력이 유지될 수 있는 시간을 과학적으로 분석한 후 모든 동영상을 5분 내외로 제작했다. 기존 애니메이션 영상 시간은 보통 10분 안팎으로 제작되었는데 이는 5세 미만의 아이들이 집중력을 유지하기에는 너무나도 긴 시간이었다.

최 대표는 이처럼 캐릭터 선정부터 콘텐츠 제작까지 모든 과정에 꼼꼼하게 관여했다. 심지어 시나리오 작업도 자신이 직접 관여했다. 뽀로로 시즌 1, 2 같은 경우 전체 시나리오의 90% 이상을 본인이 작성했다.

뽀로로는 철저한 실무 기획 속에서 탄생한 대작이었다. 어느 날 갑자기 아티스트의 영감에서 '뽕'하고 나타난 작품이 아니었던 거다.

먹힐 수밖에 없는 기획안은 고객과 담당자들의 고성이 오가는 내 전화기 앞에 그리고 무수히 많은 시행착오 데이터들이 쌓여 있는 내 컴퓨터 안에 있다. 고급 호텔이나 계곡 물소리 들리는 리조트에서 워크숍 한번 한다고 떠올릴 수 있는 게 결코 아니다.

사유의
불법 침입

업무차 해외로 나갈 때면 내가 반드시 하는 일이 있다. 그건 바로 현지인들이 즐겨 찾는 음식점에서 밥을 먹어보는 거다.

음식을 먹는 방법도 현지 스타일 그대로 먹는다. 간을 더한다거나 무언가를 빼서 먹는다거나 하지 않는다.

정말 오리지날 모습 그대로 즐겨본다.

일탈을 기획하라

잠시 머문 적이 있었던 인도네시아에서도 마찬가지였다.

난 현지인들처럼 손 씻는 물에 손을 깨끗이 씻고 오른손으로만 밥을 먹었다. 숟가락에 익숙한 나였지만 인도네시아에 있을 때만큼은 오른손으로 밥을 먹었다.

처음에는 비위생적이라는 생각이 들었는데 음식을 먹으면서 곰곰이 생각해보니 숟가락이 더 비위생적인 것 같기도 했다. 식당에서 사용하는 수저는 수백 명 아니 수천 명의 입 속을 드나드는데 그 사람들 침 속에 어떤 질병이 있을지 알게 모인가. 어쩌면 나만 쓰는 내 손이 더 위생적일지 모른다는 생각이 들었다.

지적 호기심이 일어 좀 더 자료를 찾아보았더니 동남아시아, 아프리카 등 손으로 음식을 먹는 수(手)식 문화권이 전 세계 40%나 차지하고 있었다.

내 고정관념은 철저하게 부서졌다.

우리나라를 비롯해 중국, 일본 등 젓가락으로 식사를 하는 저(箸)식 문화권은 전 세계에서 약 30% 밖에 되지 않았다. 그리고 나머지 30% 인구가 나이프와 포크를 사용하고 있었다.

따지고 보니 손으로 먹는 사람들이 세계에서 가장 많았던 거다.

선진국과 후진국을 구분하고 문명을 들먹였던 내가 얼마나 교만했는지 깊이 반성할 수 있는 시간이었다.

덕분에 난 이제 외식산업이나 식기와 관련된 도자기 사업 등의 사업 타당성을 검토할 때면 해당 제품이나 서비스가 3개 문화권에서 어떻게 받아들여질지를 다각도로 분석해본다. 해당 제품이 각각의 문화권에 어떻게 받아들여질지 또는 현지인들에게 거부감이 들 만한 요소는 없는지를 따져보며 전략을 수립한다.

한국에서 계속 숟가락으로만 밥을 먹었다면 절대로 이런 관점에서 시장을 바라보지 못했을 거다.

창의성은 다분히 의도적으로 그리고 체계적으로 기획된 일탈에서 나온다. 힐링이네 재충전이네 하면서 갑자기 떠나는 휴식 같은 여행에서 번득 얻을 수 있는 게 아니다.

창조적인 아이디어를 얻고 싶다면 낯선 경험을 더 디테일하게 설계해야 한다. 국수에 대한 연구를 기획한다면 단순히 맛집 투어만 계획하면 안 된다. 면 요리와 관련된 역사적 배경을 충분히 조사해보는 건 기본이고 자신이 직접 요리도 해보아야 한다. 면 요리를 테마로 '누들로드 Noodle Road' 같은 프로그램 한 편 정도는 제작할 수 있을 만큼 심도 있게 파고들어야 한단 말이다.

해외에서 서빙 하나를 하더라도 색다르게 경험해야 한다. 강렬한 지적 충격을 줄 수 있는 노동 계획을 세워야 한다. 이스라엘 집단 농업 공동체 '키부츠' 정도면 훌륭한 선택이다. 홀로코스트 이후 정처 없이 떠돌던 유대인이 어떻게 이스라엘을 건국하고 세계 역사 주류로 떠오를 수 있었는지 깊숙이 들여다볼 수 있는 계기가 될 수 있을 거다.

이 정도는 해야 잘 기획된 일탈이다.

머릿속 강철 같은 생각의 틀을 깨부수려면 고도로 기획된 지적 자극이 필요하다.

46세에 컴퓨터를 배워 IT 기업을 창업하다

잡코리아를 창업하여 1,000억 원에 매각한 김승남 전 회장은 원래 직업 군인이었다.

21년 동안의 군 생활을 마감하고 은행에서 사회생활을 시작했다. 이후 보험회사에서 일을 하기도 했지만 직접적으로 인터넷 산업 분야에서 일해본 경험은 없었다.

그럼에도 불구하고 김 회장이 취업포털 '잡코리아'를 창업할 수 있었던 건 자신의 길을 특정하지 않고 끊임없이 미지의 영역에 발을 들여다 놓았기 때문이다.

그는 46살 때부터 컴퓨터를 제대로 배웠다.

그것도 아들 뻘 되는 중학생들이 다니는 학원에서 도스DOS 부터 배웠다. 명령어 하나하나를 밤을 지새우며 공부했다. IBM에서 만든 노트북 컴퓨터가 국내에 들어오자 새벽 버스를 타고 한걸음에 달려가 구매할 만큼 열정적으로 컴퓨터를 연구했다. 그는 프로그램을 짤 수 있는 수준까지 자신의 실력을 끌어올렸고 이를 계기로 잡코리아를 창업할 수 있었다.

외부의 충격으로 시작되는 사유

대표적인 프랑스 현대철학자로 손꼽히는 질 들뢰즈Gilles Deleuze는 생각에 대해 다른 철학자와 다른 관점을 가지고 있었다.

인간이 생각하는 것을 좋아한다고 가정했던 철학자들과 달리 들뢰즈는 인간이 좀처럼 생각하지 않는다고 주장했다. 어쩔 수 없이 강제된 상황에서 충격을 받아야만 비로서 생각한다는 것이었다.

진위를 떠나 이러한 생각은 창업력을 키우고자 하는 사람들이 귀 기울여 볼 만한 메시지이다.

위대한 창업가들의 발자취를 따라가다 보면 마치 하나의 법칙처럼 인생에 전환점들이 있다.

부모님이 일찍 돌아가시거나 죽을뻔한 병에 걸렸던가 등의 경험이다. 비단 슬픔이나 고통 등에 한정되는 것은 아니다. 여행지에서 충격적인 장면을 목격했거나 감동적인 경험을 했던 거일 수도 있다.

그게 뭐든 범인들이 일찍이 경험하지 못했던 어떤 특별한 사건을 계기로 새로운 길로 들어선 경우가 매우 많다. 일일이 예를 들지 않더라도 직관적으로 누구나 공감할 수 있을 거다.

김정웅 서플러스글로벌 대표도 예외는 아니었다. 서플러스글로벌은 삼성전자, SK하이닉스 등 세계적인 반도체 기업들을 거래처로 두고 있는 중고 반도체 장비 매매 회사다. 지난 18년간 2만여 대가 넘는 장비를 40개국에 유통하며 전 세계 중고 반도체 장비 거래 시장에서 1등을 고수하고 있다.

중고 반도체 징비 유통 사업자체가 일반인에게는 무척이니 낯설어 보인다. 아마 업계 관계자조차도 이런 사업이 존재하는지 잘 모를 거다. 그런데 김 대표는 어떻게 이러한 사업 기회를 찾아낼 수 있었던 걸까?

김 대표는 10년 동안 무려 8번이나 이직과 전직을 반복했다.

길게는 2년 짧게는 3개월만 일한 곳도 있었다. 본인 스스로도 누더기가 되는 경력에 낙담도 많이 했다고 고백할 정도였다.

창업 이후 사업 아이템도 변화무쌍했다. 돼지고기부터 원단, 건설기계 그리고 버스까지 취급해보지 않은 제품이 없을 정도로 다양한 품목을 매매했다.

역설적이게도 다양한 시행착오를 겪으면서 그는 엄청난 지적 트레이닝을 받을 수 있었다. 여러 산업을 훑는 동안 남들이 볼 수 없던 시장을 볼 수 있는 눈이 생겼다. 미국, 일본 금융회사들이 장악하고 있던 숨겨진 알짜 시장을 포착해낼 수 있었던 배경이다.

김 대표가 만약 한 직장에서만 근무했다면 그의 인생은 어떻게 달라졌을까? 인생사 새옹지마라더니 정말 끝나기 전까지는 끝을 알 수 없는 게 사업가의 인생인가 보다.

전문가는 한 번 더
고민하는 사람

국가 대표급 부동산 전문가들이 모두 모였다는 세미나에 참석한 적이 있었는데 강사 중 흥미로운 인물이 눈에 띄었다.

'나는 돈이 없어도 경매를 한다'는 저자인 이현정 대표였다.

문득 호기심이 일었다.

그 자리는 소위 말하는 국내 부동산 전문가가 모이는 자리였는데 평범한 주부였던 그녀가 어떻게 강단에 설 수 있었을까?

3년 만에 21채 집을 사들이다

이현정 즐거운컴퍼니 대표는 결혼 후 10만 원 월셋방에서 살림을 시작했다. 첫째 아이를 놓고 복직하려 했지만 IMF가 터지는 바람에 어쩔 수 없이 전업주부가 되어야만 했다. 학습지 교사 일부터 재무설계사까지 할 수 있는 부업은 다 찾아서 했다. 남편과 열심히 맞벌이 생활을 했지만 살림살이는 좀처럼 크게 나아지지 않았다. 늦둥이 셋째까지 태어나자 생활은 더 각박해졌다.

그녀는 엄마로서 아이들에게 좀 더 좋은 주거 환경을 제공해주고 싶었다. 놀이터도 있고 초등학교도 가까운 깨끗한 아파트에서 살고 싶었다. 아파트를 사고 싶다는 간절한 마음에 경매에 처음 손을 대었다.

시작할 때는 정말 아무것도 몰랐다. 독학으로 경매를 공부하며 막무가내로 시작했다. 무수히 많은 시행착오를 겪으며 경매 노하우들을 하나둘씩 익혀나갔다.

그렇게 3년이란 시간이 흘렀고 그녀는 어느덧 21채의 집 주인이 되었다. 좋은 집을 장만하겠다는 절박함에서 시작한 부동산 공부를 계기로 이 대표는 이제 대한민국에서 손꼽히는 경매 전문가가 되었다.

고객보다 하나만 더 알아도 전문가

나도 신선식품 전문가로 성장하고자 절박하게 노력하던 때가 있었다.

가락시장에서 물건을 떼와 트럭 위에서 여러 가지 과일을 팔곤 했는데 과일 중 유독 판매하기 어려운 과일 중 하나가 수박이었다. 다른 과일들은 대부분 고객이 직접 맛있어 보이는 것을 골라갔지만 유독 수박만큼은 나에게 골라 달라고 했다.

아무래도 수박이 맛의 편차가 크다 보니 전문가에게 도움을 받고 싶었던 거다. 그들의 바람에 난 좋든 싫든 전문가가 되어야만 했다.

과일 판매사원 대부분은 손으로 수박을 통통 쳐보고 경쾌한 소리가 나는 수박을 골라준다. 나 역시도 처음엔 그게 다인 줄 알았다. 두드렸을 때 통통 맑은 소리가 나면 잘 익은 수박이라고 멘트를 날렸다. 덜 익은 수박에서는 깡깡 같은 소리가 나고, 너무 익은 수박에서는 퍽퍽 하는 둔탁한 소리가 난다고 고객에게 말해주었다.

하지만 아무리 소리를 듣고 또 들어봐도 소리는 너무 주관적이었다. 맛있는 소리라는 객관적인 기준은 어디에도 없었다. 단순히 소리만으로 맛있는 수박을 고르는 방법은 한계가 있어 보였다.

난 조금 더 전문적인 방법으로 좋은 수박을 선별하는 방법을 알고 싶어 농업 관련 서적들을 뒤졌다. 찾아보니 소리보다 더 확실하게 맛있는 수박을 고를 수 있는 방법이 있었다. 수박 아랫부분에 있는 배꼽이 작은 수박이 잘 익은 수박이라는 점을 발견했다. 소리보다 훨씬 더 객관적인 판단 기준이었다.

그 이후부터 난 고객이 올 때마다 눈으로 반드시 수박 줄기 반대편에 있는 배꼽 크기를 확인해 주었다. 손님도 눈으로 직접 수박 배꼽을 확인하자 더 안심하고 수박을 사 갔다.

나를 전문가로 더 신뢰하게 된 것은 두말할 것도 없다.

전문가로 성장하기 위해서는 엄격한 훈련이 필요하다. 특히 의료 분야처럼 특수한 영역일 경우 혼자만의 힘으로 전문가로 성장할 수도 해서도 안 된다. 전문 기관에서 오랜 시간 동안 훈련에 훈련을 거듭해야 한다. 사람의 생명을 다루는 만큼 까다로운 교육 과정을 거치는 게 필수다.

하지만 비즈니스 분야에서 전문가가 된다는 건 이와는 조금 다른 의미다.

고객보다 조금만 더 고민하고 조금만 더 연구해 고객의 시간과 비용을 아껴줄 수 있는 해결책을 제시해줄 수 있다면 누구나 전문가가 될 수 있다.

감사하게도 오늘날 교육 환경은 컴퓨터 보급과 인터넷의 발달로 마음만 먹으면 누구나 전문 지식을 쉽게 습득할 수 있는 세상이 되었다. 핸드폰 하나만 있어도 세계 최고의 명문대 하버드, MIT 등에 접속해 특정 분야 권위자 수업을 마음껏 들을 수 있다.

열정만 있다면 어떤 분야든지 독학할 수 있는 시대이다. 이를 잘 활용한다면 누구나 프로페셔널이 될 수 있다.

윤미월 대표도 그랬다.

밤무대 가수, 미슐랭 스타가 되다

세계적인 레스토랑 품평 가이드 '미슐랭'에서 별을 획득하는 일은 외식업계에서 성취할 수 있는 최고의 영예이다. 셰프가 미슐랭 인증마크를 얻는다는 건 연예계로 따지자면 방송 연예 대상을 받은 거나 다름없다. 그만큼 어려운 일이다. 미국, 유럽 등 해외 명문 요리학교를 졸업한 후 오랜 시간 동안 전문 요리 경력을 쌓고도 미슐랭 근처에 못 가본 요리사들이 수두룩하다.

그런데 윤 대표는 식당 문을 연 지 7개월 만에 미슐랭 별을 획득했다. 윤 대표가 운영하는 고급 한식당 '윤가'는 미슐랭 인증에 힘입어 도쿄에서 최고급 레스토랑으로 자리매김했다. 몇 달 동안 예약이 꽉 차 있을 만큼 미식가들의 사랑을 독차지하고 있다.

놀랍게도 그녀는 요리를 정식으로 배운 적이 없다.

밤무대 가수를 하다 자식들의 생계를 책임지기 위해 일본으로 건너와 식당을 차린 게 시작이었다. 어려서 어깨너머로 배운 어머니 손맛을 기초로 혼자서 요리를 공부했다. 수많은 요리책을 독학으로 읽고 연습하며 만들어낸 자신만의 조리법으로 까다로운 미슐랭 인증마크를 받아냈다. 별다른 전문 교육과정을 거치지 않고도 말이다.

하면 진짜 된다. 이마에 핏방울이 흐를 만큼 고민하고 또 고민하라.

3부

은밀하게
침투하라

- 발각되면 끝장이다

- 때를 기다리며 소리 소문 없이 힘을 키워라

선진화되지 않은
시장을 공략하라

은행에 가면 불편한 게 한두 개가 아니다.

점포마다 상황이 다르지만 지금도 여전히 일부 지점에서는 고객들이 서서 용무를 봐야 한다. 선채로 업무를 처리해야 하는 것도 불편하지만 그보다 더 불쾌한 건 임직원들은 앉아있다는 점이다.

사실 좀 황당하다. 패밀리레스토랑에 가면 직원들이 무릎을 꿇고 주문을 받는다. 손님들에게 친근감을 표시하고 잘 섬긴다는 느낌을 주기 위해서 회사에서 의도적으로 기획한 서비스다. 그리고 부득이하게 손님들을 기다리게 해야 할 경우 음료수도 주면서 고객에게 정중하게 양해를 구한다.

요즘은 이처럼 손님을 극진하게 대접하는 세상인 거다. 근데 고객은 서 있고 직원들은 앉아서 업무를 본다니 이 얼마나 고객을 배려하지 않는 태도인가.

비단 접객 태도뿐만이 아니다. 영업시간도 다른 분야와 판이하게 다르다.

은행은 4시만 되면 칼같이 문을 닫는다. 내가 일상생활에서 방문하는 점포 중 4시에 문을 닫는 점포는 은행이 유일하다. 한 명의 고객이라도 더 받기 위해 영업시간을 늘리려 하는 다른 매장들과는 천지 차이다. 고객 편의를 위해 24시간 운영하는 점포들도 많아지는 추세이건만 은행은 여전히 자신들만의 영업시간을 고수하고 있다. 마감 업무나 금융 시스템 때문에 어쩔 수 없다고 하는데 그럼 다른 사업체는 마감 안 하고 업계 전체 시스템이 없어서 늦게까지 영업을 할 수 있단 말인가? 납득하기 어려운 설명이다.

그래도 고객 입장에서 그나마 다행이라고 생각되는 건 최근에 변화 조짐이 나타나기 시작했다는 거다. 카카오가 인터넷 뱅킹 사업에 진출하면서 기존 은행과는 전혀 다른 서비스를 시도하기 시작한 만큼 은행에도 혁신의 바람이 불 거다.

기본만 잘해도 감동을 줄 수 있는 시장

나는 혁신을 고객의 관점에서 정의한다. 고객들이 '와 이거 진짜 좋은데'라고 얘기하면 그게 혁신인 거다.

혁신이라고 해서 첨단기술로 무언가를 새롭게 만들어내야만 하는 것은 아니다.

짜장면을 먹을까 짬뽕을 먹을까 고뇌하는 고객의 메뉴 선택 고민을 단번에 해결해준 '짬짜면'처럼 고객에게 작은 감동만 줄 수 있어도 혁신이다.

이용자가 느끼는 작은 불편 사항들을 개선하거나 서비스 기본 정신에 충실하는 것만으로도 혁신적이라는 평가를 충분히 받을 수 있는 거다.

지금이야 CJ프레시웨이 등의 대기업이 식자재 유통 시장에 뛰어들면서 관련 업계가 빠르게 선진화 되었지만 불과 얼마 전까지만 해도 이 시장은 혼돈 그 자체였다. 다른 업계에서 당연하게 지켜지는 상도들이 지켜지지 않는 경우가 허다했다.

원가에 폭리를 부쳐서 제품을 유통하는 업체부터 박스를 바꿔 치기 해 원산지를 속이는 업자들까지 말 그대로 천태만상이었다.

사정이 이렇다 보니 시장 내막을 자세하게 알지 못하는 평범한 식당점주는 바가지를 쓰기 일쑤였다.

식자재 유통회사 '원플러스'는 이런 상황들을 개선하기 위해 2007년 '식자재왕'이라는 브랜드를 런칭했다. 돈까스 등 식당에서 흔히 쓰는 식재료들을 대표하는 상표다.

브랜드를 도입한다는 게 다른 산업분야에서는 상식적이고 지극히 평범한 경영 전략으로 보일지 모르지만, 식자재 유통분야에서는 혁신 그 자체였다.

그때까지만 해도 자영업자가 도매시장에서 물건을 살 때 제품의 품질과 가격을 판단하기 쉽지 않은 상황이었기 때문이다. 잘 알려지지 않은 중소 제조업체들이 만든 제품이다 보니 안전한 제품인지 가격 수준은 적당한 건지 구분하기가 쉽지 않았다. 심지어 표기 사항에 표시된 중량과 실제 중량이 다른 경우까지 있었다.

원플러스는 각각의 제품들을 자체적으로 검증하기 시작했다. 여러 업체의 생산품들을 비교한 후 믿을만한 제품을 선별하여 식자재왕 브랜드로 편입시켰다.

비로서 식당업주들은 브랜드만 보고도 제품을 살 수 있게 되었다.

고객은 오늘도 혁신을 기다리고 있다

아직도 선진화되지 못한 시장은 도처에 있다. 고객이 불편한 점을 명쾌하게 설명할 수는 없지만 여전히 뭔가 손해 보는 것 같은 느낌을 받는 시장들 말이다.

웨딩 분야만해도 그렇다.

결혼 준비를 해본 사람이라면 아주 진절머리가 나본 경험이 있을 거다. 예물 준비부터 식장 예약까지 바가지 요금과 한바탕 전쟁을 벌어야만 하기 때문이다.

알아듣기도 힘든 용어들을 쏟아내며 혼을 쏙 빼놓고는 거액의 청구서를 들이민다. 선심 쓰듯이 이런 거 저런 거 빼고 저렴하게 구매할 수 있게 도와준다고 밑밥을 깔지만 글쎄 전혀 합리적으로 보이지는 않는다.

아이패밀리SC는 이러한 산업 구조에 문제의식을 느꼈다. 이 회사를 창업한 김태욱 대표는 우리에게 가수이자 연예인 채시라의 남편으로 더 익숙하다. 그런 그가 웨딩 사업에 뛰어들게 된 계기는 자신의 결혼식 때문이었다.

그는 지금도 자기 결혼식을 폭탄 맞은 모습으로 기억한다. 결혼 준비를 시작할 때부터 자신의 결혼을 홍보 수단쯤으로 생각하는 사람들에게 이용만 당했다.

심지어 결혼식 당일에는 알지도 못하는 하객들이 4,000명이나 들이닥쳐 식장이 아수라장이 되어버렸다. 친척 어르신들은 정작 식장에도 못 들어갔다.

이 때를 계기로 김 대표는 웨딩 산업을 유심히 살펴보게 되었다. 그러고 보니 모든 게 주먹구구식으로 운영되고 있었다. 자신의 결혼식도 체계적으로 관리받지 못해서 사단이 난 거였다. 유명인도 이 정도인데 매니저 한 명 없는 일반인이라면 오죽하겠는가.

실제로 결혼 시장에서는 웨딩플래너의 도움이 없으면 괜찮은 예물 하나 사기도 어려웠다. 마음에 드는 업체가 있어도 중간에 플래너를 끼지 않고 직접 가격 협상을 하면 바가지 요금을 물기 일쑤였다.

김 대표는 홈페이지를 만들어 웨딩업체들의 서비스와 가격을 일일이 데이터베이스화 해나갔다. 군이 플래너의 도움을 받지 않더라도 결혼식을 준비할 수 있도록 결혼에 필요한 모든 정보들을 한곳에 모았다. 웨딩홀부터 예물까지 가격도 정찰제로 표기해두었다.

시장이 정화되기 시작했다.

시장은 계속 진일보한다

선진화는 절대적인 개념이 아니다. 비교 기준을 바탕으로 상대적으로 앞서 있다는 뜻이다. 지금은 선진화된 모습이지만 언제든지 후진적인 형태로 전락해버릴 수도 있는 거다.

허름했던 동네 세탁소를 기억하는가? 옷을 맡겨도 보관증 하나 안 주던 곳이 대다수였고 보관증을 적어주는 경우에도 내용은 허술하기 짝이 없었다. 혹시나 내 옷을 잃어버리지는 않을까 싶어 세탁소 아저씨에게 잘 좀 부탁드린다고 말씀드리면 의심 많은 몹쓸 종자로 취급받던 때가 있었다. 언제 찾을 수 있는지도 정확하게 말해주지 않았다. 궁금해서 물어보면 다음 주쯤에 한 번 찾으러 와보란다. 다음 주에 와도 안 되어 있을 수도 있단 말이다.

가격도 부르는 게 값이다. 뭔가 특수 소품을 써야 한다고 하면서 이건 좀 더 값을 받아야 한다는데 명문화된 표준 가격표는 찾아볼 수가 없다. 말도 안 되게 후진적인 모습이었다.

이 때 '크린토피아'가 나타났다. 보관증은 물론이거니와 모든 서비스를 체계화하여 정가제를 도입했다. 드라이클리닝이 끝나면 친절하게 문자로도 알려준다. 잃어버릴 걱정 같은 건 할 필요도 없고, 어쩌다 세탁 과정에서 옷이 손상되면 보상도

해준다.

덕분에 이제서야 맘 놓고 세탁소를 이용할 수 있게 되었다. 그런데 세월이 흐르다 보니 뭔가 또 불편하다.

일주일에 1~2번씩 매번 상당한 금액을 쓰는데 왜 내가 왔다 갔다 해야 하는 건지 납득이 가질 않는다. 짜장면 한 그릇도 친절하게 배달해주는 시대가 아닌가.

아니나 다를까 이를 개선해보겠다는 스타트업들이 수거 및 배달 서비스를 시작했다. 앞으로 세탁소 시장이 어떻게 더 진화할지 몹시 궁금해진다.

시장을 쪼개면 길이 보인다

전 세계적으로 전자상거래 시장은 격전지다. 아마존 등 다국적 대기업이 미래를 선점하기 위해 대규모의 자본을 투하하고 핵심 인재들을 대거 포진시키고 있다.

국내 시장 상황도 예외는 아니다. 기존 유통 강자인 롯데그룹과 신세계그룹부터 이커머스 시장에서 힘을 키운 이베이코리아, 쿠팡 등의 기업들까지 다자간의 경쟁 구도가 펼쳐지고 있다.

당연히 마케팅 경쟁도 치열할 수밖에 없다. 한 사람의 고객이라도 더 자신들의 플랫폼으로 유입시키려 공짜 쿠폰을 남발한다. 소비자들이야 무료 쿠폰 및 할인 쿠폰을 받을 수 있으니 좋긴 한데 업체들은 과열된 마케팅 경쟁 속에서 적게는 수백억에서 많게는 수천억까지 적자를 보기도 한다. 누구 하나 쓰러져야 전쟁이 끝날 모양이다.

온라인 판매 시장에 신규 창업자가 뚫고 들어갈 빈틈이라고는 전혀 없어 보인다. 그런데 역설적이게도 유독 전자상거래 분야에서 뛰어난 스타트업이 많이 나오고 있다.

식품, 농수산물 그리고 고급 음식재료

'헬로네이처'를 창업한 박병열 전 대표는 농수산물 직거래 시장을 비집고 들어갔다.

가공식품을 구매할 때와 신선식품을 구매할 때 고객 소비 패턴이 다르다는 것을 발견하고 농수산물을 판매하는 홈페이지를 기획해보기로 했다. 차별화된 고객 경험을 제공할 수민 있다면 해볼 만하겠다는 판단이었다.

도매시장을 거치지 않고 산지에서 직접 농산물을 구매해 배송해보기로 했다. 그러면 더욱 신선한 제품을 더 빠르게 고객에게 제공할 수 있고, 가격도 기존 유통업체보다 더 저렴하게 판매할 수 있을 것 같았다. 발로 직접 뛰면서 1,000여 개 농가와 하나하나 직접 구매 계약을 맺은 후 온라인 직거래 판매 시스템을 구축해나갔다.

헬로네이처가 농수산물 시장 카테고리에 집중했다면 '마켓컬리'는 고급 식재료 시장을 주목했다.

마켓컬리 홈페이지를 얼핏 보면 화장품 판매 회사 같다. 식품 사진이라기보다 마치 하나의 예술 작품처럼 아름다운 음식 사진들이 세련되게 디자인되어 있다. 사진 한 장만으로도 사고 싶은 충동이 절로 든다.

상품 구색도 특별하다. 제품 하나하나가 백화점에서도 구하기 어려운 고급 식자재들이다. 일부 제품은 백화점에서도 구할 수 없는 제품이다. 게다가 주문하면 바로 다음 날 새벽같이 물건을 배송해주니 주부들이 감동 할 수밖에 없다.

마켓컬리는 또 하나의 마트가 아니라 특별한 고급 식재료 쇼핑 채널로 자리를 잡아나가고 있다.

시장은 정의하기 나름이다

우리는 너무도 익숙하게 시장조사 기관의 세그먼테이션 segmentation에 길들어 있다. 성별, 나이, 가격대, 기능 요소들을 중심으로 시장을 구분하고 틀 안에서만 생각하는 버릇이 있다.

하지만 시장을 구분하는 기준들은 절대적이지 않다. 어떤 기준으로 시장에 줄을 그을지는 자기 스스로 주체적으로 정하면 될 뿐이다.

백종원 대표는 이에 무척 능했다. 중국집 대표 메뉴는 단연코 짜장면과 짬뽕이다. 이 두 메뉴가 없는 중국집은 감히 상상하기 어렵다. 그런데 백 대표는 이러한 편견에 과감히 반기를 들었다.

그는 짬뽕 전문점 '홍콩반점0410'이라는 희한한 중국집을 시장에 선보였다. 지금은 메뉴가 다양화되었지만 창업 초기만 해도 홍콩반점에 짜장면은 없었다. 가게에 들어온 손님들은 짜장면이 없다는 사실에 무척 당황해했다. 분명 '반점'이라고 적혀있는데 말이다.

하지만 시간이 흐를수록 고객들은 홍콩반점을 그 자체로 인정하기 시작했다. 중국집에서 판매하는 짬뽕과는 전혀 다른 느낌의 짬뽕 맛과 혼자서도 부담 없이 시켜 먹을 수 있는 작은 크기의 탕수육 매력에 점점 빠져들었다. 짬뽕 전문점이라는 새로운 업태가 태어나는 순간이었다.

이제 막 시장을 진입하는 선수에게는 모든 룰이 불리하게 적용될 수밖에 없다. 이미 시장을 선점한 자들이 규칙을 자신들에게 유리하게 만들어 놓았기 때문이다. 모든 산업 분야가 그렇다.

그렇다고 너무 절망할 필요는 없다. 룰을 지키며 이기는 게 불가능해 보이면 그냥 새로운 룰을 만들어 버리면 되니깐.

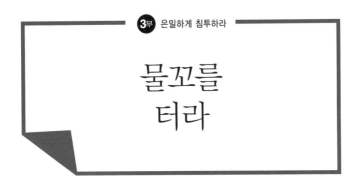

물꼬를 터라

지금이야 영업사원이 고객을 찾아가 상품을 판매하는 경우가 흔하지만 1960년대만 하더라도 대한민국에서 이러한 풍경은 낯설었다.

물건은 당연히 시장에서 사는 거였다.

그런데 아모레퍼시픽이 이러한 관행을 깨고 화장품 방문판매를 시작했다. 고객을 앉아서 기다리지 않고 고객의 집으로 직접 찾아가는 서비스를 생각해낸 거였다.

시장이 마침내 우리 집 안방까지 들어온 사건이다.

물꼬를 터주면 대중은 흘러들어온다

시장은 역사 속에서 끊임없이 변화하고 진화해왔다. 흘러가는 통로, 유통流通이란 이름 그대로 상품을 판매하는 흐름은 혁신가에 의해 계속 변해왔다.

우리네 할머니들은 전통시장에서 장을 보았다. 매일 매일 가격 흥정을 하며 눈에 불을 켜고 신선한 제품을 골라서 하나하나 까만 봉지에 담았다.

상품을 보는 눈이 없으면 장 보기가 여간 어려운 게 아니었다. 어떤 때는 장사꾼에게 속아서 손해를 보기도 했다. 정다운 대화가 오고 갔지만 불편한 점도 많았다.

이때 이마트를 시작으로 전국 각지에 대형할인마트가 들어서기 시작했다. 더 이상 가격을 흥정할 필요도 없었고 품질도 표준화되어 있어 장보기가 훨씬 수월해졌다. 비가 오나 눈이 오나 날씨 걱정 없이 매일 쾌적한 장소에서 편안하게 장을 볼 수 있게 되었다.

주부들은 물 흐르듯 전통시장에서 대형마트로 발걸음을 옮겨갔다.

그러던 어느 날 홈쇼핑이 등장했다. 이제 힘들게 마트까지 갈 필요도 없다. 소파에 편안하게 누워서도 쇼핑을 할 수 있게 되었다. 제품 구석구석을 눈으로 직접 볼 수 있는 것은 물론이거니와 전문가의 설명까지 곁들여지니 드라마 보는 것보다 더 재미있다. 주부들 입에서 살기 좋아졌다는 말이 절로 나왔다.

이보다 더 편리한 쇼핑이 있을까 싶었는데 스마트폰이 나오면서 이제 손가락만 몇 번 까닥까닥하면 장을 볼 수 있는 시대가 열려버렸다.

미래를 예언할 수는 없지만 모든 것을 의심해봐도 단 한가지 사실만은 절대 부정할 수 없다.

누군가 또다시 새로운 물길을 낼 거고 대중은 자연스럽게 그리로 흘러갈 거라는 점이다.

은밀하게
침투하라

패션그룹 형지 최병오 회장은 30~50대 여성을 대상으로 한 '크로커다일'이란 브랜드를 내놓으면서 중소도시 시장 입구를 중심으로 매장을 출점했다.

통상적으로 패션 회사는 도심 지역 백화점이나 주요상권 대로변 중심으로 유통 채널을 먼저 구축한다. 브랜드 파워를 구축한 후 중소도시나 지방으로 유통 대리점을 확대해 나가기 위해서다.

그런데 형지는 통념과는 전혀 다른 진입 전략을 선택했다.

전통 시장 입구에 보란 듯이 매장을 열었다. 시장에 속옷이나 보세 옷을 마구 진열해놓고 파는 경우는 있었지만 깔끔한 브랜드 점포가 생긴 건 처음이었다. '값은 동대문, 품질은 백화점'이라는 컨셉이 주부들에게 먹히기 시작했다. 매일매일 시장을 보러 오는 이들을 통해 입소문이 삽시간에 퍼져나갔다. 크로커다일은 이를 기반으로 도심 핵심 상권 지역으로 서서히 진출했다.

다른 경쟁사가 눈치채지 못하는 사이 형지는 규모의 경제를 구축하며 중견기업의 반열에 올라설 수 있었다.

전면전은 최대한 미뤄라

대기업은 세다. 정말 무서운 상대다. 한국의 경우 재벌로 통칭되는 그룹사들이 제조, 유통 그리고 금융까지 폭넓게 사업 포트폴리오를 구축하고 있기 때문에 더 위협적이다. 이들이 특정 분야에 사업 진출을 결정하고 각 계열사가 총력 지원하면 시장은 사실상 초토화된다.

이런 대기업을 상대로 창업가가 처음부터 전면전을 벌여서는 안 된다. 차별화된 자신만의 역량을 공고히 하기 전까지는 정중동 해야만 한다.

커피 시장 역시 대기업의 격전지였다. 신세계 그룹과 합작으로 한국 시장에 진출한 스타벅스를 시작으로 CJ그룹 투썸플레이스, 롯데그룹 엔제리너스 등이 시장을 독식하고 있었다.

거대 자본가의 틈바구니에서 이디야는 소리소문없이 힘을 키워왔다. 문창기 회장이 2004년 이디야를 인수할 때만 해도 점포 수가 80개에 지나지 않았지만, 지금은 2,500개의 매장을 운영하고 있다. 동원할 수 있는 자본 규모 관점에서 절대적으로 열위한 위치에 있는 중소기업이 대기업과의 경쟁에서 사실상 승리했다. 그들만의 특별한 입지 전략 덕분이다.

이디야의 출점 전략은 스타벅스와 극명하게 대비된다. 스타벅스가 도심 지역 주요 상권 중심 거리에 집중적으로 출점한 반면 이디야는 임대료가 상대적으로 저렴한 이면도로를 중심으로 입점했다. 심지어 상권이 형성되어 있지 않은 지역이나 특수 상권까지도 적극적으로 개발해서 들어갔다. 비교적 저렴한 임대료 수준을 유지하며 가맹점주와 고객에게 더 많은 혜택을 주기 위해서였다.

이러한 전략에 힘입어 이디야는 전국 구석구석까지 파고들 수 있었다. 일부 핵심 상권을 제외하고는 이제 대부분 지역에서 이디야 매장 수가 스타벅스를 압도한다. 이디야는 2017년 기준으로 2,200개 매장을 출점하며 1,140개의 매장을 보유한 스타벅스를 일찌감치 따돌렸다.

수익을 낼 수 없는 입지여서 스타벅스가 들어가지 않은 것처럼 보일 수도 있다. 하지만 이디야의 폐점률을 살펴보면 꼭 그렇지만도 않다.

이디야는 3년 평균 1% 수준의 폐점률을 유지하고 있다. 이는 커피 프랜차이즈 업체 중 최저 수준이다. 쉽게 말해 어디에 있는 점포이든 충분한 수익을 내고 있기 때문에 문을 닫는 경우가 거의 없다는 이야기다.

대기업들이 눈여겨보지 않았던 상권에서 은밀하게 힘을 키운 이디야는 이제 본격적으로 전면전을 준비하고 있다.

싸울 수 없다면 동맹군이 되어라

대기업의 견제를 피하기 어려운 경우라면 아예 관점을 바꿔 대기업과 동맹을 맺고 회사의 체력을 키우는 것도 지혜로운 전략이다.

이용한 원익그룹 회장은 창업 초기 의료기기, 조명 등을 수출입하며 사업을 키워나가던 중 삼성전자가 반도체 사업에 본격적으로 뛰어드는 것을 보고 사업 방향을 바꿨다. 삼성그룹 반도체 사업에 발맞추어 반도체용 소재나 장비들을 국산화시키는 사업에 도전했다. 그의 전략은 적중했다.

삼성전자가 세계 반도체 1등 기업으로 등극하면서 원익그룹도 매출 1조 7,000억 원 규모의 중견그룹이 되었다. 국내 반도체 산업 실적이 연일 최고치를 경신할 때마다 원익 또한 규모가 점점 커지고 있다.

원익그룹 뿐만이 아니다. 유독 코스닥에는 삼성그룹 출신 CEO가 많은데 이는 결코 우연이 아니다. 삼성과 전략적 제휴 관계를 맺고 사업을 키운 창업자가 많기 때문이다. 삼성그룹이 키워놓은 판에서 그들을 주 고객으로 하여 기술력을 키우며 세계적인 기업으로 성장한 거다.

때가 되면 대기업과 정면 승부를 펼쳐야 할 때가 온다. 하지만 그전까지는 신중하게 전략적 자산을 충분히 비축하는데 먼저 집중해야 한다. 대기업의 감시망을 피해 은밀하게 힘을 키우든지, 손을 잡고 동행하든지 방법은 둘 중 하나다.

정보전에서 밀리면 끝장이다

국내 최대 전자책 플랫폼 '리디북스'를 창업한 배기식 대표는 매일 고객들이 올려준 건의사항부터 심지어 욕설까지 분석하는 회의를 연다. 단순히 기계적으로 고객의 불만 사항을 정리하는 것이 아니라 고객의 미묘한 감정과 심리까지 꼼꼼하게 분석하는 회의다. 이름하여 '고객의 눈물Tears of customer' 회의다.

어떤 때는 아예 고객 집으로까지 찾아간다. 리디북스를 애용하는 고객 자택으로 찾아가 주로 활용하는 IT 기기는 무엇인지, 인테리어 취향은 어떤지, 서비스 개선에 조금이라도 단서가 될 만한 정보들은 놓치지 않고 촘촘하게 수집해 온다.

리디북스만의 압도적 가독성은 그렇게 만들어졌다. 독서 애호가들은 대기업이 내놓은 전자책 서비스 대신 리디북스 손을 들어주었다.

게릴라가 정예대군을 물리칠 수 있는 유일한 방법

객관적인 화력에서 열위에 있는 게릴라들이 전쟁에서 정예대군을 이길 수 있는 방법은 단 한 가지밖에 없다. 정보전에서 우위에 서는 거다.

적군의 전략부터 전쟁 지역의 지형지물 정보까지 샅샅이 수집해 최소 타격으로 최대 피해를 줄 수 있는 방법을 찾아내야만 한다. 정면으로 부딪히면 승산이 없다.

이제 막 시장에 진입한 창업자의 상황도 이와 별반 다르지 않다. 한정된 자원을 가지고 대기업에 맞서 싸워야 할 때 절대로 자본 대결 구도로 끌고 가서는 안 된다.

대기업보다 더 민첩하고 정교하게 고객과 시장에 관한 정보를 수집해 대응해야 한다. 과도할 정도로 정보 탐색에 집착해야 필승 전략을 짜내야 한다. 이건 경영 전략에서 불변의 진리다.

샅샅이 훑어라

전화성 씨엔티테크 대표는 대기업 KT와의 일전을 준비하고 있었다. 프랜차이즈 회사들을 대상으로 콜센터 업무를 대행해주며 어렵사리 시장을 개척해놓았더니 KT가 시장에 치고 들어왔다.

KT에 대항하려면 덩치를 더 키워야만 했다. 씨엔티테크의 주요 고객은 피자가게였는데 신규 고객을 확대하기 위해서 치킨집을 공략해야 했다.

전 대표가 제일 먼저 한 일은 다름 아닌 치킨 매장을 직접 차리는 거였다. 컨설팅 회사에 전략 수립을 의뢰한 것도 시장조사기관에 리서치를 의뢰한 것도 아니었다. 자신이 직접 현장에서 바닥부터 정보를 끌어모으기 시작했다.

얼핏 보면 치킨집이나 피자집이나 비슷해 보이지만 자세한 내막을 들여다보면 둘은 완전히 다른 시장이다. 피자집의 경우 비교적 자본력이 있는 사업자들이 최소 몇억 이상을 투자해 규모를 갖추고 시작한다. 직원들도 적게는 몇 명부터 많게는 10명 정도까지 고용하는 사실상 중소기업이다.

반면 치킨집은 대부분이 생계형 창업이다. 아내가 주방에서 닭을 튀기고 남편이 배달하는 전형적인 소상공인이다. 이런 업태 특성상 업주는 돈 몇백 원 지출하는 거에도 극도로 예민하다. 닭 자르는 비용 몇백 원을 아끼려고 자신들이 직접 닭까지 손질하는 경우가 허다했다. 이런 상황에서 주문 전화를 대신 받아주는 서비스에 돈을 지출할 리가 만무했다.

하지만 전 대표는 어떻게든 방법을 찾아야만 했다. 자신의 회사 콜 센터 시스템을 활용해 주문을 받으며 6개월 동안 매장을 직접 운영했다. 전단도 손수 붙였고 닭도 직접 튀겼다. 막상 해보니 주문 전화만 위탁해도 아르바이트생 없이 혼자서 충분히 매장을 운영할 수 있었다. 콜 센터에 비용을 지급하고 주문 전화를 받거나 전단을 돌리는 아르바이트생 1명의 인건비를 줄이는 게 치킨집 사장에게는 훨씬 이득이었다. 막연한 직관이 아니라 현장에서 체득한 객관적인 데이터였다.

이를 기반으로 치킨 업체들을 설득해 나가기 시작했다. 고객들의 마음이 움직이기 시작했고 심지어 KT에 가입했던 회원도 씨엔티테크로 발걸음을 돌리기 시작했다. 씨엔티테크의 완승이었다. 전 대표는 KT를 물리치고 B2B 외식 주문 중개 시장을 수성할 수 있었다.

비즈니스 세계에서 침략군은 언제든지 출현한다. 누가 조금만 돈을 번다는 소문이 퍼지면 거대 기업들은 순식간에 치고 들어온다.

그렇다고 마냥 두려워할 필요는 없다. 정보전에서 이길 수만 있다면 해볼 만한 싸움이다.

시대정신을
읽어라

지피클럽이란 회사는 '꿀광 마스크팩' 하나로 중국에서 대박을
터트렸다.

한 달에 출고되는 마스크팩만 8,500만 장에 달하고 작년에
만 매출 878억 원을 기록했다. 올해는 상장까지 준비하고 있
다. 증권가에서는 기업가치를 수조 원으로 예상한다.

흥미로운 사실은 지피클럽이 처음부터 화장품 회사가 아니
었다는 점이다. 김정웅 대표가 창업할 당시만 해도 지피클럽
은 닌텐도 등 IT 제품을 유통하는 회사였다. 네이처리퍼블릭

등 국내 화장품 브랜드의 중국 유통을 대행하면서부터 화장품 업계로 발을 들여놓게 되었는데 업종을 전환한 지 몇 년 만에 이 같은 놀라운 실적을 달성했다.

팽창하는 시장에 먹을 게 많다

지피클럽의 성공에는 많은 요인이 있겠지만 난 무엇보다 폭발적으로 성장하는 K-뷰티 시장을 포착한 것 자체가 성공에 크게 기여했다고 본다.

다시 말해 중국 화장품 시장을 겨냥했기 때문에 이처럼 드라마틱한 성공을 만들어낼 수 있었다는 거다.

이상록 카버코리아 전 회장, 윤동한 한국콜마 회장, 이경수 코스맥스 회장, 박설웅 에스디생명공학 대표 등 이름을 일일이 열거하기도 어려울 만큼 많은 창업자가 팽창하는 화장품 산업에서 큰 부를 거머쥐었다. 지피클럽도 그중 하나다.

한류 열풍으로 한국 화장품에 대한 수요가 커지다 보니 기존기업은 물론이거니와 도전자들도 큰 기회를 움켜잡을 수 있었다.

산업의 흥망성쇠를 읽어라

화장품 산업의 예시처럼 시대의 흐름을 파악하는 일은 그 자체로 매우 중요한 의사결정이다. 시장에는 대세라는 게 정말 있다. 빠르게 커지는 시장에는 굳이 은밀하게 진입할 필요도 없다. 시장 자체가 팽창하고 있기 때문에 플레이어들이 서로의 시장을 굳이 뺏을 필요도 없다. 각자 앞만 보며 자신의 영토를 개척해나가면 될 뿐이다.

우리 역사에서도 성장 산업의 큰 물결은 계속 변해왔다. 1960년대 재벌들의 순위를 집계해보면 상위권에는 늘 목재 사업을 하는 기업이 있었다. 우리나라 주력 산업이 경공업이었기 때문이다.

그런데 70년대부터 정부 주도로 중화학공업을 육성하기 시작하면서 산업의 판도가 바뀌기 시작했다. 정부 지원 아래 자동차, 조선, 철강 산업이 빠른 속도로 성장했고 이 기회를 붙잡은 기업가들은 신흥재벌로 거듭났다.

시대에 따라 국내외 환경 변화에 따라 특정 산업의 흥망성쇠는 이처럼 계속 바뀌는 법이다. 큰 흐름을 타면 다양한 사업 기회 속에서 번영할 수 있지만, 흐름을 놓쳐버리면 기억에서 사라질 뿐이다.

뻔한 얘기는
아무도 안 듣는다

지금이야 커피 외에도 과일주스 등 다양한 음료를 즐길 수 있는 곳이 많이 생겼지만 불과 몇 년 전까지만 해도 거리에는 커피 프랜차이즈 일색이었다. 비슷한 간판에 비슷한 맛의 커피뿐이었다.

그러던 어느 날 방황하던 고객들의 눈을 사로잡는 간판이 하나 걸렸다. 이상한 한자로 공차라고 쓰여 있었다.

밀크티에 달콤하고 쫀득한 구슬 모양의 타피오카 펄이 들어간 공차는 커피에 질려버린 고객들에게 전혀 새로운 경험이었다. 뭔가 밍밍한 맛인데 재미있는 맛이었다. 무엇보다 카페인이 없어 커피를 못 마시는 사람도 부담 없이 즐길 수 있었다.

커피 일변도의 거리에서 공차를 판매하는 카페는 그 자체로 눈에 띄었다. 성공할 수밖에 없는 스토리였다.

비즈니스는 이렇게 시작하는 거다.

눈을 잡아채는 기술

난 몇 달 전 샤워기 필터를 하나 샀는데 이 사건을 조금 과장되게 기적이라고 표현한다. 왜냐하면 내가 난생처음으로 페이스북 광고에 낚여 제품을 구매했기 때문이다. 아주 충동적으로 말이다.

난 쇼핑을 그렇게 좋아하는 편은 아니라 꼭 필요한 경우가 아니라면 제품을 인터넷으로 검색해보지 않는다. 그리고 꼭 쇼핑해야 하는 경우라면 매장에 가서 두 눈으로 직접 물건을 확인한 후에 산다.

이런 내가 어느 날 누워서 페이스북을 하다가 재미있는 동영상 하나에 눈을 빼앗겼다. 한강 변에서 더러운 물을 끌어다가 샤워기 필터로 정제해 샤워하는 모습을 유쾌하게 찍어놓은 영상이었다. 누가 봐도 더러운 강물이었지만 샤워기 필터를 통과하자 거짓말처럼 물이 깨끗해졌다. 주인공의 익살스러운 표정도 스토리 전개도 무척이나 재밌었다.

이 동영상은 무디고 무딘 내 손가락을 움직였다. 나도 모르게 결국 제품을 구매해버리고 말았다. 대단한 기획력이다.

이 광고를 기획한 회사는 '블랭크'이다. 남대광 대표는 젊은 세대에게는 '세웃동세상에서 가장 웃긴 동영상'으로 더 친근하다. 그는 수많은 동영상을 살펴보고 웃긴 동영상을 선별해 SNS에 올렸다. 분석한 동영상만 수십 만개가 넘는다.

그는 이런 경험을 십분 활용해 자신이 판매할 제품들의 스토리를 흥미롭게 풀어냈다. 제품 효용과 필요성을 직관적으로 쉽고 유쾌하게 전달하며 소비자들이 지갑을 열게 했다.

샤워기 필터 외에도 '악어발팩', '마약베개' 등을 기획하며 소위 말하는 대박을 터트렸다. 악어발팩은 무려 141만 개가 팔려나갔다.

엄밀히 따져보면 광고라는 게 솔직히 뻔할 수밖에 없다. 제품이 비슷비슷하기 때문이다. 광고 기획자가 아무리 머리를 쥐어 짜낸들 남다른 메시지를 만들어내는 데 한계가 있을 수밖에 없다.

그런데 그 어려운 걸 블랭크가 해냈다. 악어발팩, 마약베개라니 이름만 들어도 느낌이 빡 오지 않는가.

뻔한 내용을 뻔하지 않게 풀어내는 경지

TV 광고만 해도 그렇다. 매일 같이 보는 수십 또는 수백 개의 광고 중 몇 개나 기억에 남는가?

어렴풋이 연예인 얼굴이 기억나긴 하는데 정작 제품명은 정확하게 잘 기억나지도 않는 게 현실이다. 그런데 수년이 흘렀건만 내가 아직도 기억하는 광고가 하나 있다.

김영식 천호식품 전 회장이 직접 출연해 '남자한테 참 좋은데 뭐라 설명할 방법이 없네'라는 유행어를 탄생시킨 광고다.

그런데 막상 자세히 살펴보면 제품 자체가 유일무이하게 특출났던 건 아니다. 산수유로 만든 건강기능식품은 좋은 제품이었지만 그렇다고 스포트라이트를 받을 만큼 획기적인 제품은 아니었다.

하지만 그는 마케팅 메시지를 기가 막히게 풀어냈다. 효능을 정확하게 설명하지도 않았고 원료의 우수성을 강조하지도 않았다.

그보다는 오히려 방송 심의 규정을 교묘하게 피하는 뉘앙스로 남자의 음흉한 상상력을 자극했다. 전문가의 설명도 연예인도 없이, 모두가 기억할 수밖에 없는 메시지를 만들어냈다.

뻔한 이야기를 뻔하지 않게 풀어낸다는 건 어쩌면 예술의

영역일지도 모른다. 그래도 생각하고 생각하고 또 생각해서
만들어내야만 한다.

시간을
되돌리는 법

퇴근길 호프집에서는 오늘도 어김없이 직장인들이 모여 시끌 벅적 하루 일상을 털어놓는다. 상사를 욕하는 이야기부터 억 울하게 일을 덤터기 쓴 것까지 안줏거리가 될 만한 이야기는 모두 올라온다.

거나하게 취기가 오를 때쯤이 되면 어김없이 나오는 주제가 있다. 누가 돈 벌었다는 이야기다.

친구가 혹은 선배나 후배가 몇 년 전에 어떤 사업을 시작했 는데 그게 대박이 나서 부자가 되었다는 거다.

안타깝다는 듯이 누군가 책상을 '탁' 치며 한마디 거든다.

"내가 예전에 생각했었던 일인데…"

그때 추진했어야 한다며 아쉬운 마음에 쓰디쓴 잔을 들이킨다. 실기한 자신이 원망스럽기까지 하다.

만약 지금의 경험과 지식을 가지고 몇 년 전으로만 돌아갈수 있다면 '어떤 사업을 해도 성공시킬 수 있겠다'는 생각마저든다.

그런데 이런 생각을 실제로 현실화한 사나이가 있다.

한국에서의 경험과 지식을 갖고 인도네시아로

송창근 KMK 글로벌스포츠그룹 회장은 부산의 한 신발회사에서 사회생활을 시작했다. 3년 반 정도 다녔을까 회사가부도나 졸지에 실업자가 되어버렸다. 그도 그럴 것이 그때가신발산업이 막 사양산업의 길로 접어들던 때였기 때문이다.

그는 해외로 눈을 돌렸다. 자신이 쌓은 경험과 지식을 활용할 수만 있다면 얼마든지 기회를 잡을 수 있을 것 같았다. 한국에서는 인건비가 높아져 신발사업 수지를 맞추기 힘들었지만, 외국으로 나가면 상황이 달라질 수 있을 것 같았다.

적임지를 찾던 중 인도네시아가 눈에 들어왔다. 사람들의 인성이 온순하고 인건비가 비교적 낮아 신발 사업에 최적지란 생각이 들었다. 그 길로 인도네시아로 날아가 신발 공장을 창업했다. 그리고 30년이 지난 지금 그는 인도네시아 신발왕이 되었다.

사양산업을 기간산업으로 바꾸는 기술

세계 각 국가는 경제 발전 속도가 모두 다르다. 같은 시대에 살고 있다고 해도 저마다 마주하고 있는 산업 환경은 완전히 다를 수밖에 없다.

스마트폰 하나로 모든 일상생활을 컨트롤 할 수 있는 세상에서 살아가는 사람도 있지만, 스마트폰은 고사하고 전력 인프라도 없는 곳에서 농사를 짓고 사는 사람도 있다.

당장 한 나라만 건너가도 우리나라의 1970~1980년대 혹은 그 이전과 유사한 경제 환경으로 돌아갈 수 있는 거다.

완벽히 일치하기는 어렵겠지만 한 나라가 산업화 되어가는 과정은 유사하다. 예를 들면 노동집약적 산업에서 기술기반 산업으로 성장하는 패턴 같은 것들이다. 심지어 일부 국가는 아예 한국형 경제개발 모델을 자국에 도입한다고 하니 우리로서는 해당 국가의 미래를 더욱더 분명하게 예상해볼 수 있다.

산업화를 이루어낸 한국의 성장 경험을 활용하여 이제 막 경제개발에 박차를 가하는 개발도상국에서 새로운 사업을 준비해볼 수 있다. 뿐만 아니라 위기에 처한 국내 사업을 살릴 수 있는 묘수도 찾아낼 수 있다.

대한민국이 산업화의 길로 들어서면서 노동집약적인 목재사업은 사양길로 접어들게 되었다. 정부가 중화학공업 육성을 기치로 걸고 제조업을 국가 기간산업으로 키워야 한다고 주창하면서 목재사업은 더 이상 설 땅을 잃어가고 있었다.

만약 당신이 목재사업의 CEO였다면 어떻게 하겠는가? 사업을 정리하고 새로운 사업 모델로 전환하겠는가? 아니면 비용을 최대한 절감하여 버틸 수 있을 때까지 한 번 버텨보겠는가?

코린도그룹 승은호 회장은 회사를 아예 통째로 인도네시아로 옮겨버렸다. 우리에게 목재사업은 외면받는 사양산업이었지만, 산림 자원이 풍부하고 이제 막 산업화에 박차를 가하기 시작한 인도네시아에서는 기간산업이었기 때문이다. 코린도그룹은 풍부한 산림자원과 인도네시아의 값싼 노동력을 지혜롭게 활용하여 사업을 재건했다. 국가와 국민에게 사랑 받는 건 두말할 필요도 없다.

어떤가? 시간을 한번 되돌려보겠는가? 기회는 여전히 무궁무진하다.

다시 쓰고
고쳐 쓰고

창업한다고 해서 꼭 처음부터 끝까지 모든 것을 만들어내야 하는 건 아니다.

사업을 시작하는 방법은 다양한데 대표적으로 3가지 방법이 있다. 첫째로 자신의 힘으로 직접 모든 것을 만들어 가는 방법, 둘째로 협력할 수 있는 파트너와 전략적으로 협업해서 사업을 추진하는 방법, 그리고 마지막으로 기존업체를 인수하는 방법이다.

창업가마다 철학과 주어진 사업 환경이 다르기에 어느 방법이 뛰어나다고 단정 지을 수는 없지만, 사업 추진 속도 관점에서만 본다면 M&A만큼 효율적인 전략도 없다.

아이디어 단계부터 제품과 서비스를 기획하고 만들어나가다 보면 성공 여부를 떠나 준비 시간이 오래 걸린다. 법인을 설립하고 인재를 채용하고 각종 인허가 절차까지 영업은 고사하고 사업을 세팅하는 과정 그 자체만으로도 상당한 시간이 소요된다.

하지만 회사를 인수해 사업을 시작하면 시행착오 없이 단번에 영업 체계를 갖출 수 있다. 그뿐인가 그 어렵다는 첫 고객을 유치하는 일도 걱정할 필요가 없다. 인수할 때부터 이미 고객을 확보한 상태에서 출발하기 때문에 맨땅에 헤딩하는 것보다 훨씬 더 효과적으로 영업 전략을 수립할 수 있다. 이처럼 기업을 인수해 창업한다는 건 여러모로 장점이 많다.

하지만 전제조건이 있다. 경영자로서 준비된 후에 일을 도모해야 한다는 점이다.

채의승 회장이 인수한 기업을 발판으로 대의그룹을 일으킬 수 있었던 것도 그가 준비된 사람이었기 때문이다.

그는 젊은 시절부터 큰 회사 사장되기, 교수되기 그리고 교회 100개 건축하기 등 세 가지 뜻을 가슴에 품고 자신을 연단했고 결과적으로 세 개의 목표를 완벽히 달성했다.

신입사원부터 시작해 대우아메리카 사장으로까지 승진했고 경제학 박사 학위를 딴 후 강단에도 섰다. 그리고 대의그룹을 통해 벌어들인 돈으로 교회까지 모두 세웠다.

채 회장의 자수성가 스토리를 이야기하려는 게 아니다. 그가 훈련된 사업가라는 것을 강조하고 싶은 거다. 그였기에 망해가는 후배 장난감 공장을 인수해 경영을 정상화시킬 수 있었다.

경영 능력도 없이 회사를 인수하면 망할 뿐이다. 부끄럽지만 내 이야기다.

나는 수산가공품 공장을 인수한 적이 한 번 있었다. 인수하기 전부터 나름 사업 전략도 명확하게 수립해둔 상태였다. 당시 내가 인수한 공장은 식자재 도매시장 등 시장을 중심으로 제품을 유통하고 있었는데 인수 후 영업 채널을 대기업으로 전환해 성장하겠다는 계획이었다.

그러려면 공장 시스템을 모두 바꾸어야 했다. 무엇보다 대기업에서 요구하는 까다로운 위생 기준과 납품 시간을 정확하게 지키면서 물건을 만들어 줄 수 있는 생산 인력 보강이 가장 시급한 과제였다.

하지만 기존 공장 인력은 이를 감당할만한 능력이 안 되었다. 트레이닝을 통해서 빠르게 변화시키거나 인력을 교체해야만 하는 상황이었다.

그런데 나도 사람인지라, 아니 더 정확하게는 준비되지 않았던 리더였기 때문에 마음이 약해져 버렸다.

공장을 인수한 후 재빠르게 인력 운영 방향에 대해 결단했어야 했는데 우물쭈물 해버렸다. 기존 공장장에게 개선을 요구했지만 그는 차일피일 일을 계속 미루기만 했다. 공장 운영이 제대로 될 리가 없었다. 무의미한 기 싸움으로 시간만 날려버렸다.

돌이켜보니 그때 공장을 인수하자 마자 인력을 모두 교체해야만 했다. 사람을 해고하는 게 두려워 미루다가 공장이 완전히 망가져 버렸다.

쓰러져 가는 회사를 바꿀 때 가장 중요한 것은 속도

부실기업을 인수해 정상화하는 과정은 험난하다. 설사 잘나가는 기업을 인수하더라도 마찬가지다. 회사를 합병한 후 승자의 저주에 빠져 망해가는 기업을 우리는 얼마나 많이 보았는가. 실패하지 않으려면 철저한 준비가 필요하다.

인수 전부터 자신이 이끌 조직의 전략 방향을 명확하게 설정하고 창업자의 철학과 전략을 인수한 기업에 재빠르게 이식해야 한다. 불필요한 조직과 비용 요소들을 단칼에 없애버려야 한다.

'바하 프레쉬' 최고경영자 김욱진 회장은 이 점을 누구보다 잘 알고 있었다.

그는 1년에 1,500만 달러씩 적자를 내던 바하 프레쉬를 인수해 조직이 나태해질 틈도 없이 회사의 회계, 인사 시스템 등 모든 체계를 바꿔버렸다. 이를 시작으로 사무실과 매장 곳곳의 관리 감독을 강화해나갔다. 그의 슬로건대로 '운영의 탁월함'을 추구했다.

썩어빠진 정신도 단번에 바로 잡았다. 출장 시에 임원들이 특급 호텔에 투숙하는 것부터 없애버렸다. 회장인 자신도 출장 갈 때면 저렴한 모텔에 투숙하며 일에만 집중하는데 절대 용납할 수 없는 관행이었다.

그는 그렇게 딱 한 달 만에 회사를 흑자로 전환했다. 기업회생 전문가다운 스피드다.

흑자는 인수 후 직원들의 마음을 얻으며 조직을 안정화 시키고 화학적 결합을 추진해야 한다고 반론할지도 모르겠다.

맞는 이야기다. 충분한 시간을 가지고 소통하며 모든 조직원을 한마음으로 묶어낼 수 있다면 나라도 그렇게 하고 싶다.

하지만 애석하게도 창업가에게는 그럴 시간과 자원이 없다. 거대한 현금과 충분한 시간을 바탕으로 차근차근 사업 계획을 실행해나갈 수 있는 대기업과는 상황이 전혀 다르기 때문이다.

고쳐 쓰기로 마음먹었다면 주저하지 말고 빨리 고쳐버려야 한다.

따라 하면
죽을 뿐이다

오디션 프로그램, K팝스타는 미래에 한국 가요계를 이끌어갈 차세대 신인들을 선발하는 무대다. 이곳에 심사위원으로 참석하는 JYP 박진영 대표가 참석자들에게 매번 해주는 조언이 있다.

'절대 기존 가수를 따라 하지 말라'는 거다.

자신만의 목소리로 자신만의 색깔로 노래해야 한다고 목에 핏대를 세우며 말한다. 기존 가수를 따라 하는 가수는 굳이 또 필요 없다고 신신당부를 한다.

예술과 사업은 다른 분야이지만 창업자에게도 귀감이 되는 말이다.

다음 세대에 나올 이해진은 절대 네이버를 만들어서는 안 된다. 다음 세대에 나올 김범수는 절대 카카오톡을 만들어서는 안 된다.

박 대표의 말처럼 어떤 경우에도 모방하면 안 된다. 어렵더라도 자신만의 작품을 창조해야 한다.

누가 봐도 그의 작품

'쌈지'라는 패션 브랜드를 만든 천호균 전 대표는 멀리서 봐도 한눈에 그임을 쉽게 알아볼 만큼 개성이 넘친다. 단발머리에 꽃무늬 셔츠를 입고 털털하게 웃는 그에게서 범상치 않은 기운이 뿜어져 나온다.

그가 건네는 명함에는 천호균이라는 세 글자만이 크게 적혀 있다. 강렬한 첫인상이다.

그는 패션 회사를 창업하면서 본인만의 제품을 시장에 내어 놓았다. 대표적인 제품이 이른바 '거지백'이었다. 2000년대 초반만 해도 핸드백은 네모나고 딱딱한 게 정석이었지만 천 대표는 이러한 고정관념을 답습할 생각이 없었다. 그는 사람들이 가죽 쪼가리라고 폄하하던 부드러운 천으로 다양한 크기의 백을 만들어 선보였다.

게다가 당시만 해도 상상조차 힘들었던 우리말 브랜드도 도입했다. 쌈지라는 한글 이름은 그 자체만으로 외래어 일색의 패션시장에 파란을 일으켰다.

그가 지나가는 곳에는 어김없이 그만의 독특한 발자취가 남겨졌다.

요즘은 또 농사에 푹 빠져 있다는데 어떤 일을 도모하고 있는지 자세하게 알 수 없지만 분명 누가 봐도 천호균스러울 듯하다.

문 사장 뜻대로 하게나

창업 이후 정말이지 단 하루도 마음 편한 날이 없었던 것 같다. 미루어둔 의사결정 사안에 짓눌리기 일쑤였다. 새로 출시한 제품에 대해 고객들의 불만이 쏟아지고 직원들은 직원들대로 회사 시스템으로 일하기 힘들다며 하소연을 해왔다.

머리에 쥐가 날 것 같았다. 컨설팅업체에 물어봤더니 전략은 그럴싸하게 만들어주는데 우리 회사 상황에 당장 적용할만한 건 없다. 여기저기서 훈수를 듣다가 답답한 마음에 멘토를 찾았다.

난 스승을 만나자마자 기다렸다는 듯이 투자 유치 전략, 고객사 대응방법 등 복잡하게 얽혀있는 현안들을 토해내듯 쏟아냈다. 격한 토론이 오고 가면서 문제에 대한 몇 가지 해결책들이 하나둘 나오기도 했지만 멘토들은 하나같이 분명하게 결론을 내지 않은 채로 대화를 마무리했다.

궁극적으로는 내 판단에 맡긴다는 말과 함께 말이다.

그들이 결론을 내리지 않은 건 사업 경험이나 지혜가 부족해서가 아니다. 창업자마다 가지고 있는 자원이 다르고 추구하는 사업 철학과 경영 방식이 다르기에, 무엇 하나 함부로 이게 정답이라고 이렇게만 하면 성공한다고 단정적으로 말할 수 없기 때문이다.

세상에는 무수히 많은 경영 전략이 존재한다. 인터넷에 검색만 해도 수많은 경영 이론과 사례 분석이 쏟아져 나온다. 그런데 아무리 뒤져봐도 나에게 꼭 들어맞는 해답 같은 건 없다.

그리고 설령 있다고 한들 그대로 따라 해서도 안 된다.

올바른 창업 전략은 회사를 창업한 본인만이 짜낼 수 밖에 없다.

기업을 세운다는 건 나만의 세상을 창조하는 일이다. 삼성 그룹 같은 회사를 세우고 싶어 창업한 게 아니다. 내가 꿈꾸는

가치를 구현할 수 있는 그 무언가를 빚어내고 싶어 창업의 길로 들어선 거다.

여정에서 잠시 모방의 길을 걸을 수도 있고 다른 거대한 존재 아래에서 숨죽이고 있어야 할 때도 있다. 그리고 일류기업을 벤치마킹하며 배워야 할 때도 있다.

하지만 잊지 말아야 하는 사실은 절대 절대 따라 해서는 안된다는 점이다. 고민의 끝에는 언제나 나만의 결단이 있어야 한다.

독점하거나
대체불가 하거나

- 1등으로는 부족하다

- 시장을 독점해야만 한다

- 잔혹하게 압도하라

독점하거나
대체불가 하거나

김영찬 회장은 2000년 골프존을 설립하며 스크린골프 시장을 선구적으로 개척했다. 한때 시장점유율 90% 이상을 차지할 만큼 시장을 독점했다. 최근 카카오가 스크린골프 시장에 도전장을 내밀면서 시장이 요동치고 있긴 하지만 그럼에도 불구하고 여전히 일등이다.

단순히 선도자였다는 이유만으로 혹은 기술이 뛰어나다는 이유만으로 20년 동안 1등을 유지했다고 분석하기에는 뭔가 석연치가 않다.

기술력이야 대기업에서 마음만 먹으면 격차를 금방 줄일 수 있고 가맹점 유치도 마찬가지다. 현금과 부동산 자산을 풍부하게 보유하고 있는 대기업이 매장 출점에 훨씬 더 경쟁우위를 가지고 있지 않은가.

골프존이 절대적 우위를 지킬 수 있었던 비결은 무엇일까?

스포츠맨에게 가장 중요한 건 '기록'

스포츠 게임을 즐기는 사람에게 가장 중요한 것은 승패다. 사람들이 스포츠에 몰입하는 이유는 이기는 순간의 짜릿함 때문이다. 프로 선수는 물론이거니와 단순히 스포츠를 보기만 하는 사람도 자신이 응원하는 팀의 승리와 패배에 함께 웃고 운다.

승패는 이들에게 추억이자 역사다.

골프를 즐기는 사람들도 예외는 아니다. 내 기록이 얼마나 향상되었고 그동안의 전적이 몇 승 몇 패인지를 기억하고 간직하는 일은 매우 중요하다.

혹시 한 번이라도 골프장에서 홀인원을 목격해본 적이 있는가? 정말 가관이다. 골프장 관계자부터 시작해서 보는 사람마다 축하의 인사를 전하고 홀인원을 기념하는 각종 기념품을 제작해 선물로도 준다. 홀인원을 한 주인공도 당분간은 지갑이 거딜 날 각오를 해야 한다. 한턱 쓰다 보면 받는 것보다 지출하는 돈이 더 많을 지경이다. 감당할 수 없는 지출에 당황스럽기도 하지만 그러면서도 입가에는 미소가 떠나질 않는다. 골프 인생에 길이 남을 진기록이기 때문이다.

손 때 묻은 7번 아이언부터 홀인원까지 모든 것이 귀중한 추억이다.

골프를 즐기는 사람에게 골프존은 스크린골프장 공간 그 이상의 의미를 가진다. 골퍼로서 자신이 성장한 훈련장인 동시에 자신의 기량을 마음껏 뽐낸 경기장이자 무대다. 골프존에 고스란히 남겨져 있는 환희와 눈물의 흔적들을 버리고 다른 무대로 옮겨간다는 것이 말처럼 그리 쉬운 일은 아니다.

골프존이 대체 불가한 건 이 때문이다. 골프존은 단순히 물리적인 공간만을 제공한 게 아니라 여러 골퍼의 인생을 담아낼 수 있는 거대한 추억의 저장소를 설계했다. 이곳에서 일 년에 펼쳐지는 라운드만 5,700만 건이고 개최되는 크고 작은 시합만 연간 13만 건이다.

방대한 네트워크에 저장되어 있는 추억들을 누가 쉽사리 옮길 수 있겠는가?

고객사와 이용객 모두를 영업사원으로 만들다

정부는 독과점을 내버려 두지 않는다. 시장의 실패 내지 폐해라는 명분으로 독점 기업을 강하게 규제한다. 경쟁자를 의도적으로 만들어 진입시키거나 각종 행위를 제재하기도 한다. 심한 경우 아예 회사를 강제로 쪼개버리기도 한다.

그럼에도 불구하고 기업이 지향해야 할 궁극적인 경영 목표는 독점이다. 1등은 언제든지 바뀔 수 있지만 시장을 독점하고 있는 주체는 쉽게 무너지지 않는다. 대체할 수 없는 그 무언가를 가지고 시장을 지배해야만 한다.

고객사와 이용객 모두를 자신의 편으로 끌어들여 시장을 독점하고 있는 세스코 사례를 눈여겨 볼 필요가 있다.

방제서비스 전문기업 '세스코'를 설립한 전순표 회장은 농림부에서 근무했던 시절 식량창고에서 곡식을 먹어 치우는 쥐떼를 발견하고 큰 충격을 받았다. 하루에만 1,200톤을 먹어 치울 만큼 쥐들의 공격은 엄청났다.

전 회장은 이러한 문제를 해결해보고자 세스코의 전신인 '전우방제'라는 기업을 창업했다. '전 우주를 방제하겠다'는 뜻이라는데, 그는 회사 이름처럼 지난 40여 년 동안 국내 해충들을 박멸하며 소비자의 머릿속에 강렬한 인상을 심어주었다.

'세스코 멤버스 존'이라는 인증 마크를 만든 건 가히 신의 한 수다. 세스코는 자신들의 서비스를 이용하고 있는 고객사에 인증 마크를 부여하는데, 흥미로운 점은 음식점 등 이 표식을 받은 업체들이 이를 마케팅 도구로 적극적으로 활용한다는 거다. 자신들은 세스코 인증을 받은 만큼 깨끗하고 쾌적한 공간이라는 뜻이다.

소비자도 세스코 마크를 보면서 이곳에는 벌레가 없겠다고 안심한다. 심지어 인증 스티커가 붙어있지 않은 가게라도 발견하게 되면 세스코 서비스를 받아야 한다고 압박을 가하기도 한다.

고객사와 소비자 모두가 영업사원이 되어 세스코를 홍보해주고 있다. 정말 기가 막힌 독점 전략이 아닌가.

정말
유니크한가?

1976년 8월 7일 한 남자가 세계무역센터 건물 사이를 잇는 한 줄의 와이어 위에 아슬아슬하게 서 있다.

그의 이름은 필리페 페팃. 영화 '하늘을 걷는 남자'의 실제 주인공이었다.

왜 저런 행동을 하는지 도무지 이해가 안 된다. 보기만 해도 머리털이 바짝 서는 고공 외줄을 안전장치도 없이 타면서 무한한 자유와 행복을 느낀다니.

반은 사람, 반은 새가 되가 되고 싶다는 꿈을 이루고자 건설

현장 인부로 위장 잠입해 수개월간 건물 구조를 파악하고, 빌딩 구조와 똑같은 구조물을 만들어 무려 6년을 연습하는 사람이 세상에 또 어디 있을까. 그것도 단 45분의 도전을 위해서 말이다.

그의 도전과 성공은 정말 유니크unique 했다.

설명할 수 없는 '그 무언가'

유니크하다는 건 단순히 특이하거나 괴팍하다는 뜻이 아니다.

특이한 제품을 만드는 건 그리 어려운 일도 아니다.

식품 분야에서 예를 들어보면 세상에서 제일 큰 피자를 만들거나 입에 대기만 해도 입술이 달아오를 만큼 끔찍하게 매운 핫도그 같은 것들을 만들어 버리면 된다.

그렇지만 고객들이 이런 제품을 유니크하다고는 말하지는 않는다. 그냥 일회적인 가십거리로 즐길 뿐이다.

유니크함이란 이유는 잘 모르겠으나 그 제품만 보면 마냥 느낌이 좋고, 조금 비싸도 절로 사고 싶은 마음이 드는 그 제품만의 고유한 매력을 일컫는다.

느낄 순 있지만 명쾌하게 설명하기는 어려운 '그 무언가'가 유니크함이다.

유독 정이 가는 이유

편의점 음료 매대는 국내 대기업은 물론 다국적 기업의 음료 전쟁터다.

소비자 눈에 띄기 위해 특이한 포장지를 붙이기도 하고 그것도 모자라 아예 냉장고 앞에 작은 광고 디스플레이를 설치하는 경우도 있다.

한 평도 안 되는 공간에서 수백 종류의 음료수들이 치열하게 경쟁하고 있다.

그런데 음료 진열대를 보다 보면 이상하게 눈이 가는 음료가 하나 있다. 뭔가 힘주어 광고하는 것도 아니고 그렇다고 포장이 아주 세련된 것도 아닌데 말이다. 숙취해소 음료 '여명 808' 이야기다.

캔의 중앙에는 남종현 그래미 회장 얼굴 사진이 떡하니 붙어 있다. 음료 포장에 증명사진이 붙어 있는 것도 낯설지만 '808'이라는 숫자는 더 낯설다.

효능을 설명하는 숫자인가 해서 알아보았더니 그게 아니라 남 회장이 807번의 실패를 극복하고 제품 개발에 성공한 횟수를 기념하는 의미란다.

실험 횟수를 제품명에 사용한 사례가 또 있을까?

비전 하나만으로 스포트라이트를 받는 회사

유니크함이 제품 자체의 특성에서만 기인하는 건 아니다. 제품과 서비스 특성과는 무관하게 창업자 스토리에서 차별화된 매력이 뿜어져 나오기도 한다.

뤼이드riiid란 회사는 이름부터 뭔가 유별나다. 제거한다는 뜻을 가진 'rid'에서 영감을 받아 지은 이름이라는데 영문 스펠링이 재미있다. 짜증 난다는 느낌을 의도적으로 표현한 거 같기도 하고, 반드시 해내겠다는 의지를 표현한 것 같기도 하다.

궁금해서 홈페이지에 들어가 보니 검은색과 하얀색 두 가지 색깔만으로 심플하고 세련되게 사이트를 디자인해두었다. 얼핏 보면 트렌디한 패션 회사의 홈페이지 같다.

그런데 자세히 읽어보니 교육 기업이란다. 인상 좋은 선생님 사진이나 권위 있는 기관의 상장이나 인증마크 같은 것들은 좀체 찾아볼 수 없다.

기존 교육회사 홈페이지와는 전혀 다른 느낌이다.

장영준 대표의 비전을 읽어보니 백 년 동안 변화가 없었던 교육 시장을 창조적으로 파괴해버리겠다고 한다. 비즈니스 기획자라기보다 투사 같은 느낌이 드는 메시지다. 왜곡된 시장을 바로잡고 기득권들의 공포 마케팅으로부터 학생들을 해방하겠다는 그의 비전은 무모할 정도로 담대하다. 유니크한 철학에 나도 모르게 그의 팬이 되어버렸다.

그런데 이번 장을 쓰다 보니 쓰면 쓸수록 뭔가 계속 개운하지가 않다. 마음 한구석이 찝찝하다. 글의 맥락도 파괴하면서 느닷없이 하소연하는 이유는 이게 바로 유니크함의 본질이기 때문이다.

만약 내가 무언가에 대해 명쾌하게 설명할 수 있거나 손쉽게 도식화할 수 있다면 그건 결코 유니크한 게 아니다.

음지에서
양지로

"성에 대한 유해하고 위선적인 생각을 바꾸는 데 어느 정도 기여를 했고 또 그렇게 하는 동안에 많은 재미를 본 인물로 기억하기 바란다."

이 발칙한 묘비명의 주인공은 성인 잡지 '플레이보이'를 창간한 '휴 헤프너Hugh Hefner'다. 그는 성 해방과 성 상품화의 경계에서 아슬아슬하게 줄타기를 했다.

시대, 나라 그리고 산업 분야를 막론하고 어떤 분야에서든지 소위 말하는 '음성화된 시장'이 있다. 불법 비즈니스로 규정되어 강력한 규제를 받는 사업도 있고, 플레이보이처럼 특별히 위법은 아니지만 사회 고유의 문화 속에서 감히 시도하기 어려운 사업도 있다.

대마초^{마리화나} 같은 경우가 대표적인 예다. 마약으로 규정하고 엄격하게 관리하는 나라가 있는 반면 기호용으로 합법적으로 즐길 수 있는 국가도 있다. 일부 국가에서는 GDP^{국내총생산}를 계산할 때 이를 포함하기도 한다. 하나의 산업으로 인정받은 거다.

사회가 만들어놓은 경계를 과감하게 넘나들며 하나의 산업을 만들어 내는건 혁신가의 몫이다.

도박을 엔터테인먼트로 바꿀 수 있을까?

일본 최대 파칭코 운영회사 '마루한 그룹'을 창업한 한창우 회장은 일본 7위 부호에 오를 만큼 일본을 대표하는 기업가다. 지금은 1만 명이 넘는 직원들을 고용하고, 성실한 납세와 사회 공헌으로 일본 사회에서 존경받고 있지만 처음부터 그랬던 건 아니다.

그가 파칭코 사업을 시작할 때만 해도 주변 시선은 곱지 않았다. 파칭코는 담배 연기로 가득 찬 음침한 성인 오락실일 뿐이었다.

하지만 한 회장은 그저 그런 도박 사업가가 아니었다. 인생에 기쁨을 준다는 철학을 밑바탕으로 파칭코 사업을 완전히 탈바꿈해나갔다. 먼저 간판에 조직폭력배 출입을 금지한다는 푯말부터 부쳤다. 카페처럼 깔끔하게 인테리어를 하고 매장 구조도 밖에서 안을 볼 수 있도록 설계했다. 밝은 분위기를 조성하기 위해 많은 노력을 기울였다.

파칭코는 음산한 도박장에서 서서히 대중적인 엔터테인먼트 장소로 바뀌기 시작했다. 젊은 연인들부터 심지어 어린이까지 대동하고 갈 수 있을 만큼 안전하고 쾌적한 공간으로 거듭났다.

그는 파칭코 산업의 정체성을 도박에서 엔터테인먼트로 재정의했다. 덕분에 고객들도 주변 사람들의 시선을 신경 쓰지 않고 편안하게 파칭코를 즐길 수 있게 되었다. 새로운 문화가 만들어진 거다.

모텔 시장을 양지로 불러내다

나는 강의 일정으로 지방에 내려갈 때면 숙소 문제 때문에 늘 애를 먹곤 했다. 정말 씻고 잠만 자고 나올 건데 매번 비싼 호텔 숙박료를 내는 게 부담스러웠다. 어쩌다 비용을 절약해보려 모텔에 혼자 들어가 보려 해도 생각처럼 쉽지 않았다. 러브 시설이란 인식이 너무 강해 남자 혼자 모텔에 들어가는 게 어색했기 때문이다.

그랬다. 한국 모텔은 음지 그 자체였다.

입구부터 심상치가 않다. 들어가려면 가림막 아래로 허리를 숙이고 들어가야 한다. 그뿐인가 주차가 가능한 모텔에 가면 마치 007 영화라도 찍는 것처럼 번호판 앞을 순식간에 가려준다. 어색하게 카운터에 도착하면 주인장이 무심하게 쉬었다 갈 건지 자고 갈 건지를 묻는다. 객실은 더 가관이다. 야릇한 조명 불빛이 뿜어져 나오고 TV에서는 성인 방송 소리가 흘러나온다.

야놀자는 이런 모텔을 싹 뜯어고치려 두 팔을 걷어붙였다. 기존 러브모텔 이미지를 회사 이름처럼 밝고 쾌활한 놀이 공간으로 변화시켜 나가고 있다. 음침했던 주차장과 1층 입구를 오픈된 라운지 형태로 바꿔버리고 성인 방송 채널도 없애버렸다. 로비, 복도, 객실 곳곳에는 미술 작품도 전시해놓았다.

덕분에 모텔은 이제 남녀노소 누구나 함께 모여 즐길 수 있는 공간으로 탈바꿈했다. 각종 파티와 모임의 공간으로 사용되는 것은 물론이거니와 요즘은 대학생들의 스터디 모임 용도로까지 사용될 정도다.

그렇다고 모텔이 100% 안전하다고 말하기는 아직 이르다. 지금도 모텔 곳곳에서는 여전히 불미스러운 사건들이 발생하고 있다. 그렇지만 굳이 걱정할 필요는 없다.

혁신가가 뛰어든 이상 판은 완전히 바뀔 거다.

혈맹을
끌어들여라

시장에서는 가격이 깡패다. 압도적인 가격 경쟁력을 유지할
수만 있다면 업계 1위로 오르는 건 시간문제다.

누구나 알고 있고 모두가 실행하고 싶어 하는 이 전략이 현
실적으로 어려운 이유는 돈이 없어서다. 담보 잡힐 것 하나 없
는 창업자가 대규모의 자본을 조달한다는 건 쉬운 일이 아니
기 때문이다.

그렇다고 방법이 전혀 없는 건 아니다.

자본은 선수를 기다린다

조선혜 회장은 인천병원 약제과장으로 근무하던 중 의약품 유통 시장을 주목하게 되었다. 중소업체가 난립해있는 의약품 유통시장에서 대규모로 유통망을 구축할 수만 있다면 큰 기회를 잡을 수 있을 거란 생각이 들었다.

37살의 나이에 '지오영'을 창업했다. 수도권 영업망을 먼저 다진 후 지방 영업망을 차례차례 구축하며 내실을 다져나갔다. 전국적인 유통망을 뒷받침하기 위해 물류 창고도 대규모로 지었다.

골드막삭스는 이런 조 회장의 행보를 주목하고 있었다.

통상적으로 미국, 일본 등 선진국 시장에서는 3~4개의 유통업체가 시장을 과점하며 안정적으로 약을 유통하고 있었다. 그런데 한국은 전혀 다른 상황이었다. 1,200여 개 업체가 난립하며 출혈경쟁을 벌이고 있었을 뿐만 아니라 리베이트 영업까지 하고 있었다. 대형화가 절실히 필요했다.

골드만삭스는 새로운 판을 짤 수 있는 다크호스로 지오영을 지목하고 투자를 단행했다.

지오영은 투자받은 돈으로 의약품 유통회사들을 차례차례 인수할 수 있었고, 이를 기반으로 매출 3조 원 규모의 대기업으로 성장하게 된다.

국가를 내 편으로 만들어라

하나의 시장을 독과점하려면 혼자 힘만으로는 불가능하다. 더구나 무일푼으로 사업을 개척하는 창업자는 말할 것도 없다.

시장을 석권하려면 함께할 수 있는 혈맹의 동지가 필요하다. 든든한 실탄을 가지고 있는 자본가도 훌륭한 조력자가 될 수 있지만, 한 국가의 정부를 내 편으로 끌어들이는 것도 또 다른 방편이다.

대국이든 소국이든 경제력 수준이나 규모에 상관없이 정부의 힘은 강력하다. 동원할 수 있는 자본의 규모가 민간 영역과는 차원이 다르다.

한국의 예를 들면 2018년 한해 정부 예산만 429조 원이다. 정부는 1년 동안 이 돈을 모두 사용해야만 한다. 다시 말해 어떤 분야이든지 반드시 투자해야만 한다. 기업에서 수천억에서 수조 투자하는 것과는 차원이 다른 규모다.

국가의 역할은 자금을 지원해주는 것만으로 끝나지 않는다. 정부는 각종 편의를 제공해 사업 속도를 높여주기도 하고, 특별법이나 규제를 만들어 경쟁자 진입을 막아주기도 한다.

이런 정부를 우군으로 끌어들일 수 있다면 특정 국가에서 시장 지배력을 공고히 다져나가는 데 큰 도움이 된다. 오해는 없었으면 좋겠다. 정부를 동맹 관계로 만든다는 것이 부패 커넥션을 만든다는 의미는 절대 아니다.

전략적으로 서로에게 필요한 동반자 관계를 설정해야 한다는 말이다. 각국의 정부는 자국민 삶의 질 향상을 위해 경제 발전을 추진한다. 예외는 없다. 해당 국가 상황에 맞는 전략 산업군을 육성하기 위해 필요한 조치들을 취해나간다. 이런 정부 계획에 발맞추어 사업을 개척한다면 여러 방면에서 큰 기회를 잡을 수 있다.

큰 판을 설계하고 주도하려면 거인들을 지혜롭게 내 편으로 끌어들여야 한다.

세계경영은
여전히 유효하다

글로벌 경영의 원조는 대우그룹을 창업한 김우중 전 회장이다. 김 회장은 '세계는 넓고 할 일은 많다'라는 책에서 세계경영을 부르짖었고, 이 책은 출간되자마자 베스트셀러로 등극할 만큼 우리 사회에 큰 반향을 불러일으켰다.

이때까지만 해도 기업이 세계로 진출하는 건 사활이 걸린 문제였다. 기술도 없었고 유창하게 외국어를 구사할 수 있는 해외 영업 인력도 부족했지만, 외화를 벌어야만 했기에 무조건 외국으로 나갈 수밖에 없었다.

하지만 오늘날 상황은 크게 달라졌다.

대한민국은 산업화에 성공하며 세계 12위 경제 대국으로 성장했다. 한국기업이 만들어 낸 우수한 제품들을 세계 곳곳에서 손쉽게 찾아볼 수 있을 만큼 국력이 눈에 띄게 향상되었다.

하드웨어적인 부분에서만 성장한 게 아니다. 산업은 물론이거니와 문화 영역에서도 세계에 큰 영향력을 끼치고 있다. 방탄소년단은 미국 빌보드 차트를 점령했고 뽀로로는 전 세계 어린이들의 영혼을 사로잡았다. 한국 드라마부터 K팝까지 한국이라는 콘텐츠에 열광하는 마니아층도 두꺼워졌다.

이제 'Korea'라는 브랜드 하나만으로도 세계에서 비즈니스 기회를 만들 수 있는 시대가 눈 앞에 펼쳐진 거다. 이를 잘 활용할 수만 있다면 세계 어디에서든지 새로운 사업기회를 만들어낼 수 있다.

코라오Kolao, 코리아Korea와 라오스Laos를 합친 말

라오스 도심에서 한 청년이 온종일 오가는 자동차를 유심히 바라보고 있었다. 아무리 봐도 이상했다.

라오스는 한국과 유사한 교통체계를 가지고 있는데 운전석이 오른쪽에 있었다. 라오스에 먼저 진출한 일본 회사들이 우측 운전석의 일본산 중고차를 판매하며 시장을 선점했기 때문이었다.

청년은 무릎을 탁 쳤다. 그 즉시 운전석이 왼쪽에 있는 한국산 중고차를 들여왔다. 결과는 대성공이었고 중고차 사업을 발판 삼아 은행 등 다방면으로 사업을 확장하며 라오스 최대 기업을 일구어냈다.

코라오 그룹을 창업한 오세영 회장의 에피소드다. 오 회장은 청년 시절부터 해외로 나가 사업을 개척했다. 코오롱상사에 입사해 무역 일을 배웠고, 이를 바탕으로 27세 때 일찌감치 베트남으로 건너갔다. 해외 곳곳에서 기회를 찾던 중 라오스에서 사업 기회를 발견한 거였다.

전 세계에 206개 국가가 있는데 각 국가에 제2의 코라오 Kolao가 최소 하나씩은 있어야 하지 않을까?

정밀조준
하라

사격의 기본은 뭐니 뭐니 해도 영점조준이다. 과녁을 정확하게 맞히려면 먼저 영점 사격을 통해서 내가 조준하는 점과 실제로 총이 맞는 지점을 일치시키는 일부터 시작해야 한다. 한 발 두발 쏘면서 총알이 실제로 떨어진 지점을 확인하고 조준 기능들을 수정하며 조준점과 탄착점을 일치시켜야 한다.

그렇게 총과 내가 하나가 되면 이제는 진짜 타깃을 조준할 차례다. 대상자를 며칠이고 감시하면서 주변 지형지물은 물론 그의 행적과 동선을 모두 꼼꼼하게 파악해야 한다.

사소한 습관까지도 놓치면 안 된다. 날씨라는 변수까지 계산에 넣은 후에야 저격수는 심호흡을 마치고 타깃을 향해 총구를 겨눈다.

영화에서 흔히 볼 수 있는 최고의 저격수 모습이다.

제품을 기획하는 것도 마찬가지다. 고객 자신도 모르는 숨겨진 욕망까지 찾아낼 수 있을 만큼 완벽하게 조준해야 철벽처럼 닫혀 있는 마음의 문을 뚫고 들어갈 수 있다.

160개국 입맛을 사로잡을 수 있었던 이유

'알로에베라킹'이라는 음료를 들어본 적이 있는가?

국내에서는 다소 생소하지만 전 세계 160개국으로 수출되고 있으며 글로벌 알로에 음료 시장의 76%를 점유하고 있는 음료다.

각기 다른 문화적 배경에서 자신들만의 독특하고 까다로운 미식 기준을 가지고 있는 수많은 민족이 한국 중소기업이 만들어낸 제품을 모두가 즐긴다는 건 굉장히 놀라운 일이다.

알로에베라킹을 개발한 이상신 OKF 회장이 세계시장을 공략할 수 있었던 비결은 각 지역의 고객 특색을 섬세하게 파악해 맞춤형 제품을 내놓았기 때문이다.

하나의 표준 형태를 강요하지 않고 국가마다 최적화된 제품을 내보냈다. 세분화된 소비자의 요구를 충족시키기 위해 무려 750여 종의 제품 라인을 운영하고 있다.

소득 수준이 상대적으로 낮은 동남아시아와 아프리카에서는 페트병 대신 캔 음료를 출시하는 전략을 택했다. 원가가 저렴한 캔을 사용해 현지 시장이 원하는 수준으로 단가를 맞추기 위해서였다. 채식이 유행하는 남미 지역에서는 '과채' 음료라는 점을 강조했고, 미국에서는 농무부 유기농 인증을 획득한 후 '건강' 음료라는 점을 강조했다.

각 국가를 하나하나 정조준하며 시장을 개척한 거다.

직장인의 마음을 꿰뚫은 명함관리 서비스

직장인이라면 누구나 애용하는 명함 관리 앱 '리멤버'를 개발한 '드라마앤컴퍼니'는 명함을 관리할 때 고객들이 겪는 불편함을 섬세하게 캐치해 서비스에 녹여냈다.

고객은 휴대폰 사진기로 명함을 찍기만 하면 된다. 리멤버는 이를 자동으로 데이터화해서 앱에 저장해준다. 종이명함을 덕지덕지 쌓아둘 필요도 없고, 손으로 하나하나 정리할 필요도 없다. 사진만 찍으면 명함정리 끝이다.

그런데 처음 앱을 설치한 사람들에게 한 가지 애로사항이 있었다. 기존에 가지고 있던 수백 장의 명함을 사진으로 일일이 찍는 일이었다. 한두 장이야 간편하게 찍으면 되지만 수백 장을 찍는 일은 말 그대로 '일'이었다.

고심 끝에 고객들이 택배로 명함을 보내주기만 하면 이를 대신 저장해주는 서비스를 도입했다. 반응은 가히 폭발적이었다. 사무실은 이용자들이 보내준 명함 박스들로 가득 채워졌다.

리멤버는 여기서 멈추지 않고 한 발짝 더 나아갔다. 택배 서비스를 도입하고 생각해보니 택배를 보내는 일조차도 바쁜 직장인들에게는 꽤나 귀찮은 일이었다. 리멤버는 아예 방문 수거 서비스를 도입해버렸고 이용자들은 택배 발송 시간마저 아낄 수 있게 되었다.

어떤 고객이 쓰러지지 않겠는가?

급소를
때려라

이스라엘 군대와 팔레스타인 군대가 각각 진을 치고 서로 대치하고 있었다.

대치 상태가 계속되자 팔레스타인 측은 최고의 전사를 내보내 1대1 결투를 신청했다. 이 전사가 바로 골리앗이었다. 그는 2m가 넘는 거인인 데다 온몸을 청동 갑옷으로 무장하고 한 손에는 칼을 또 다른 한 손에는 창을 들고 나왔다. 그의 위엄에 주눅 든 이스라엘군은 섣불리 대응하지 못했다.

모두가 겁에 질려 있던 때 다윗이 이스라엘의 왕 사울에게

다가가 자신을 내보내 달라고 청했다. 사울왕은 그의 출전을 허락했다.

다윗은 자신에게 익숙한 물매를 들고 대결에 나섰다. 끈처럼 생긴 물매에 돌을 끼워 몇 번을 돌린 후 골리앗을 향해 돌멩이를 던졌다. 돌멩이는 그의 정수리를 정확하게 강타했다. 골리앗이 쓰러졌다. 다윗은 달려가 쓰러진 그의 목을 순식간에 베어버렸다.

급소를 때려야 한방에 쓰러진다

만약 다윗이 던진 돌멩이가 단 1cm라도 빗나갔다면 어떻게 되었을까?

아마 돌멩이는 골리앗의 갑옷에 맞고 튕겨 나가버렸을 거다. 수십 또는 수백 개의 돌멩이를 던져본들 골리앗에게 어떠한 충격도 주지 못했을 거다. 정확하게 급소를 때렸기에 골리앗을 쓰러트릴 수 있었다.

이미 시장을 선점하고 있는 거대 기업과 맞서야 하는 창업자라면 다윗의 전투를 마음에 새겨두어야 한다.

돈도 시간도 충분하지 않은 중소기업이 거대기업을 쓰러뜨리려면 반드시 급소를 찾아 때려야 한다. 기존 제품보다 조금 더 좋은 기능을 추가하거나 원가를 조금 낮추는 거로는 경쟁자를 절대 이길 수 없다.

밀폐용기의 대명사 '락앤락'은 원래 1978년 창업 이후 20년 동안 연 매출 50억도 안 되는 작은 중소기업에 불과했다.

그런데 이 평범한 기업이 1998년을 기점으로 폭발적으로 성장하더니 매출 4,000억 원 규모의 중견 기업으로 우뚝 섰다. 그것도 밀폐용기 한 제품만으로 말이다.

락앤락의 초창기 모습은 지금과 아주 달랐다. 처음에는 주방용품, 욕실용품 등 무려 600여 종에 달하는 제품을 판매하는 잡화점 같은 회사였다.

김준일 락앤락 전 회장은 문득 방법이 틀렸단 생각이 들었다. 세계적인 기업으로 성장하기 위해서는 선택과 집중이 필요하다는 생각이 들었다. 하나의 제품에 집중하기로 했다.

그렇다고 무턱대고 한 제품만을 직관적으로 선택하고 다른 모든 제품을 포기할 수는 없었다. 질문 리스트를 만들어 차근차근히 아이템들을 검토해나갔다.

'전 세계인이 사용하는 제품이어야 한다. 경기를 타거나 계절에 민감하면 회사를 지속 가능하게 운영할 수 없다. 문화적 차이가 너무 심한 제품이어도 안되고, 국가마다 크기가 달라도 안 된다. 창고 수용 능력도 생각해야 하니 부피가 너무 커

도 안 된다. 그리고 무엇보다 우리 기술력으로 만들어낼 수 있어야 한다…'

자신만의 20여 가지 질문 리스트를 만들어 제품 하나하나를 지워나갔다. 많은 제품이 걸러졌고 마침내 자신이 설정한 기준에 거의 일치하는 제품 하나를 찾아냈다.

밀폐용기였다. 세계 모든 주부가 보편적으로 필요로 하는 제품이었고 국가마다 크기가 다르거나 사용법이 특별히 다른 것도 아니었다. 계절이나 경기를 타는 제품도 아니니 안성맞춤이었다.

세계시장에서 팔리고 있는 기존 밀폐용기를 한 자리에 모아놓고 각각의 장단점을 분석해보았다. 제품을 살펴보니 문제의 핵심은 서로 반비례 관계를 가진 밀폐력과 사용의 편의성이었다. 밀폐력을 강화하면 뚜껑을 여닫기가 어려워졌고, 편리성을 강조해서 설계하면 밀폐력이 떨어졌다.

모든 경쟁자의 급소였다.

이 문제만 해결할 수 있다면 경쟁사를 넘어설 수 있을 것 같았다. 락앤락은 연구에 연구를 거듭해 여닫기가 편리하면서도 밀폐력도 강한 '4면 결착식' 밀폐용기를 세계 최초로 개발해냈다. 유일무이한 제품 하나로 경쟁자들을 단번에 쓰러뜨렸다.

경영 역사에 길이 남을 한방이었다.

마지막에 이기는 게 중요하다

복싱선수 홍수환은 1977년 카라스키야와 세계 타이틀전에서 4번이나 다운되고도 다시 일어나 KO승을 거두었다.

이른바 '4전 5기' 신화다.

승부란 건 결국 결과로 얘기될 뿐이다. 4번 넘어져도 마지막에만 이기면 승리로 기억되고 반대로 4번이나 이겨도 마지막에 넘어지면 패배자가 되어버린다.

아무리 아름다운 말로 포장해도 승부는 냉혹하다. 승자와 패자만 있을 뿐이다. 중간 같은 건 없다. 게임 보는 내내 답답할 만큼 넘어지고 경기를 못 해도 이기기만 하면 된다.

사업도 매한가지다. 선도자가 되어 시장을 빠르게 장악했더라도 뼈아픈 실책으로 경쟁자에게 1등의 자리를 내어줄 수도 있고, 후발주자로 시장에 뛰어들더라도 궁극적으로 일등 타이틀을 거머쥘 수도 있다.

흔히들 사업에서 타이밍을 논하면서 선두주자first mover가 될 지 빠른 모방자fast follower가 될 지를 고민하지만 빨리 하나 늦게 하나가 중요한 게 아니다.

궁극적으로 승리하면 된다. 어떤 때는 재빠르게 움직여 시장을 선점해야 하고 진흙탕 싸움이 시작되면 잠깐 발을 빼고 관망할 줄도 알아야 한다.

언제가 올바른 타이밍인가를 유연하게 판단하며 사업을 이끌어 나가야 한다.

최초가 꼭 최고가 되는 건 아니다

지금은 네이버NAVER가 검색포털 1위라는 것이 워낙 당연하게 받아들여져 다음Daum의 전성시대를 잊어버린 사람이 많지만, 사실 네이버는 후발 주자로 검색포털 시장에 진입했다.

다음이 시장을 선점하고 있었고 포탈 시장을 놓고 야후 등

이 치열하게 경쟁하고 있는 때였다.

이해진 네이버 전 의장은 인터넷 서비스에서는 마케팅보다 품질이 더 중요하다는 걸 알고 있었다. 선두주자보다 월등히 높은 고객 경험을 제공해줄 수만 있다면 경쟁에서 이길 수 있다는 걸 확신했다. 속도에 연연하지 않고 서비스의 질을 높이는데 만 집중했다.

인터넷 검색부터 한 단계 수준을 끌어올렸다. 단순히 정보를 검색해주는 기능을 고도화하는 것만으로는 차별화된 서비스를 제공하는 데 한계가 있었다. 사용자들이 직접 참여해 정보를 생산할 수 있도록 '지식in'을 개발했다. 지식인 서비스에서 유저들은 서로서로 자신의 정보들을 공유했다. 단순한 문헌 검색을 넘어 실용적인 정보가 생산되기 시작했다. 검색 결과가 더 풍성해졌고 검색 기능만큼은 네이버가 최고라는 인식을 심어줄 수 있었다.

네이버는 검색 기능뿐만 아니라 여러 방면에서 계속 서비스 품질을 높여나갔다. '블로그'부터 어린이 전용 포털 '쥬니어네이버'까지 이용자에게 꼭 필요한 서비스들을 정비하며 선두주자를 추격해나갔다. 이 의장이 직접 페이지 오타까지 지적할 만큼 집요하게 서비스 질을 개선했다.

네이버가 시장점유율을 차근차근 확대해 나가던 사이 다음은 중대한 실책을 하게 되는데 일명 '온라인 우표제'를 도입한 사건이었다.

지금도 그렇지만 당시에도 일반 이용자들이 이메일을 주고받는 서비스는 무료였다. 그런데 다음에서 대량으로 발송되는 스팸 메일을 막는다는 명분으로 온라인 우표제도를 도입해버렸다. 이 정책이 도입되면서 사용자들은 1,000통 이상 대량 메일을 발송할 경우 1건당 최고 10원의 요금을 부담해야 했다.

어떻게 이런 정책이 기획되고 집행될 수 있었는지 지금 생각해보면 조금 황당해 보일 수 있겠지만 역설적으로 다음의 시장지배력이 얼마나 강력했는지를 짐작해볼 수 있는 사례이기도 하다.

아무튼 다음의 이러한 정책에 대규모 회원을 보유한 사이트들이 대대적으로 반기를 들기 시작했다. 다음 메일 수신자를 대상으로 메일 발송이 어려워지자 이들은 아예 회원 가입 시 다음메일을 입력하지 못하게 해버렸다.

다음은 결국 온라인 우표제를 철회했지만 이미 상당한 고객이 이탈해버린 뒤였다. 네이버는 이 틈을 놓치지 않았고 메일 서비스에서도 다음을 넘어서게 된다.

게임은 끝나봐야 한다. 끝나기 전까지 일희일비 하지 말자.

피와 땀의 결정체

전기도 수도도 없는 산속에서 촛불로 불을 밝히며 밥을 해 먹는 사내가 있었다. 속사정을 모르고 밤에 무심코 보면 영락없는 산짐승으로 오해받을 법한 행색이다. 무슨 미션이라도 받았는지 투박한 손길로 철책을 박고 있다.

그렇게 미친 듯이 철책만 1만 개를 설치했다. '정글의 법칙'에 나오는 김병만이 아니다.

바로 대관령양떼목장 전영대 대표다.

양떼목장에 꽂혀 30년을 산짐승처럼 산 사나이

전 대표는 원래 손에 흙 한 번 안 묻히고 살아온 평범한 직장인이었다. 수도약품 영업과장으로 근무하던 중 우연히 방문한 대관령에서 그의 인생이 송두리째 바뀌어 버렸다. 잡목들만 무성한 버려진 땅에 양떼 목장을 지으면 어떨까 하는 상상을 하게 되었다.

대관령에서 돌아온 이후에도 머릿속에는 온통 양떼 목장 생각뿐 이었다. 2년 동안 10번을 더 방문했다. 양고기 센터를 짓고 민박 시설도 만들어서 그림 같은 목장을 세우고 싶었다.

그는 말도 안 되는 도전을 한 번 해보기로 했다.

먼저 설립요건을 알아보러 관공서부터 찾아갔다. 담당자들은 하나같이 그를 미친놈 취급했다. 대기업에서 엄청난 자본을 들고 뛰어들어도 될까 말까 하는 사업을 웬 이상한 사내가 와서 자기가 해보겠다고 하니 당연한 반응이었다. 공무원들의 반응도 충분히 이해가 가는 게 그는 건축 기술자나 양 전문가도 아니었다.

그는 괘념치 않고 차근차근 자신만의 계획을 실현해 나갔다. 먼저 축사를 지으려면 건설 일부터 배워야만 했다. 전 대표는 공사판에서 속된 말로 '노가다'를 하면서 망치질부터 벽

돌 쌓는 것까지 하나하나 배워서 목장을 손수 지었다.

그렇게 보낸 시간이 30년이다.

6만여 평의 잡목지대는 거짓말처럼 한해 60만 명이 찾는 아름다운 양떼목장으로 탈바꿈했다.

정말 맨손으로 천국을 건설해내었다.

죽을 각오로 하면 안 되는 건 없다

정글 같은 시장에서 이제 막 창업한 회사가 생존하고 시장 1등 플레이어로 성장한다는 건 거의 불가능한 일에 가깝다.

실력으로 무장하는 건 기본이고 어마어마한 운도 따라줘야 한다. 수만 가지 요소들이 절묘하게 조화를 이룰 때 창업자는 어렵게 어렵게 성공이란 열매를 손에 쥘 수 있다.

그럼에도 불구하고 이 모든 것을 압도하는 단 하나의 필승 전략이 있다.

바로 강철 같은 의지로 끝까지 밀어붙이는 거다.

1968년 한국 정부는 철강 사업 진출 여부를 고심하고 있었다. 철강을 국내 기술로 제작하는 일은 국운을 좌우하는 문제였다. 철의 공급이 원활하게 뒷받침되어야 자동차, 조선 등의 제조업이 경쟁력을 갖춰나갈 수 있기 때문이었다.

하지만 국내외 상황은 녹록하지 않았다. 해외는 물론 국내에서도 모든 관계자가 회의적이었다. 사실 당연한 일이었다. 자본도 자원도 없었고, 기술도 없는 대한민국에서 철강업을 한다고 했으니 반대하는 게 더 합리적으로 보이던 때였다. 여론도 철만큼은 그냥 수입해서 쓰자는 반응이 대세였다.

박태준 포스코 전 회장은 안팎의 우려에 아랑곳하지 않고 포항 영일만의 바닷가 황무지에서 비장한 각오로 제철소 건설을 천명했다. 죽음을 각오하고 제철소를 성공시키자고 주창했다. 조상의 혈세로 짓는 제철소이니 실패하면 모두 우향우해서 다 같이 영일만 바다에 빠져 죽자고 했다.

그 유명한 '우향우 정신'이 탄생하는 순간이었다.

익히 아는 바처럼 포스코는 세계적인 철강 회사로 성장했고 한국 제조업의 경쟁력을 향상하는 데 일조하였다. 단순한 성공담도 아니고 입으로 쉽게 회자할 수 있을 만큼 가벼운 이야기도 아니다.

눈물로 기억해야 할 고결한 역사이자 이 땅의 모든 기업가가 기억해야 할 교훈이다.

5부

절대 절대
쓰러지지 마라

- 창업가 여정에 끝이란 건 없다

- 죽어서도 계속 전진하라

단 한 사람이라도
놓치지 마라

아궁이 근처에 쪼그려 앉아 살림하던 시절 한샘은 처음으로 입식 부엌을 도입하며 부엌 가구의 대명사로 자리매김했다. 이를 기반으로 홈 가구부터 인테리어 분야까지 사업 영역을 넓히며 명실상부한 국내 1위 가구업체로 성장했다.

그리고 지금까지 단 한 번도 선두 지위를 빼앗기지 않았다. 2014년 국내에 진출한 글로벌 1위 가구업체 이케아IKEA 도 한샘에게 별다른 타격을 입히지 못했다.

한샘은 반세기 동안 어떻게 시장을 수성할 수 있었을까?

고객과의 접점을 집요하게 넓혀온 한샘

한샘 매장에 들어서면 누구나 귀빈 대접을 받는다. 말끔하게 정장을 차려입은 직원들이 고객 한 사람 한 사람에게 붙어 동행하며 상냥하게 안내해준다. 제품 설명부터 인테리어 상담까지 영업사원 한 명이 온전히 한 사람만 전담 마크한다. 고객 한 사람이라도 놓치지 않으려는 한샘의 집요함이 잘 느껴진다.

한샘은 한결같이 고객만 바라보며 여기까지 왔다. 고객이 새로운 요구사항을 말할 때마다 흘려듣지 않고 이를 충실히 제품에 반영했다. 그러다 보니 자연스럽게 침실, 거실 가구 영역으로까지 생산 아이템을 확장하게 되었다. 이제는 취급하는 품목을 다 헤아리기 어려울 정도다.

고객에게 더욱더 가까이 갈 수만 있다면 무엇이든지 했다. 체험판매장을 운영하는 것은 물론이거니와 지방 고객들이 조금이라도 더 편리하게 가구들을 살펴볼 수 있도록 기존 대리점까지 대형화하는 일도 마다하지 않았다. 그뿐인가 젊은 고객층도 놓치지 않으려 자체적으로 온라인 쇼핑몰 까지 만들어 운영하고 있다.

무려 48년이란 시간 동안 시장을 지켜낸 건 결코 우연이 아니었다. 기존 고객이든 새로 온 고객이든 절대 소홀히 대하지 않았기에 가능한 일이었다.

고객 만족에 OK는 없다

최근 전자상거래 시장만큼 공짜 마케팅 경쟁이 치열한 곳도 없다. 한 사람의 고객이라도 더 끌어오려 하루가 멀다 하고 할인쿠폰을 뿌려 댄다. 어렵게 고객을 사이트로 유입시켜도 잠깐일 뿐이다. 고객들은 조금이라도 더 좋은 조건을 제시하는 쇼핑몰이 나타나면 바로 이동해버린다. 현금 동원력이 떨어져 프로모션 경쟁에서 도태되는 기업은 고객들의 기억에서 금세 사라져 버린다.

이런 상황에도 불구하고 '오케이몰'은 18년 동안 꾸준히 자신만의 열혈 팬을 늘려왔다. 2014년 85만 명 수준이었던 회원은 2017년 145만 명까지 늘어났다. 오케이몰에 접속해보면 그들이 얼마나 끔찍하게 고객들을 위하고 있는지 절로 느껴진다. 한 명이라도 잃지 않겠다는 섬뜩한 투지가 느껴진다.

일반적인 쇼핑몰은 보통 3개 많게는 5개 정도로 회원 등급을 나누어 고객을 관리하는데 오케이몰은 고객 등급을 무려 10등급까지 구분해놓았다. 충성 고객이 될수록 혜택이 커지는 건 물론이다.

제품을 정렬해놓은 방법도 남다르다. 가격순 등 기본적인 검색 기준은 물론이거니와 '회원 추가할인 높은 순' 등 타 사이트에서는 보기 어려운 정렬 방법을 구비해놓고 제품들을 꼼꼼하게 비교해볼 수 있게 해두었다. 그리고 사실 고민할 필요도 없다. 궁금한 내용이 생기면 담당 게시판에 적어두기만 하면 된다. 그러면 20분 이내에 무조건 답을 해준다.

하이라이트는 단연 옷 사이즈를 표기해둔 방식이다. 소비자가 의류나 신발 제품을 온라인에서 구매할 때 겪게 되는 가장 큰 불편함은 자신에게 맞는 사이즈를 고르는 일이다. 이유인즉 업체마다 사이즈 기준이 천차만별이기 때문이다. 어떤 회사 제품은 S, M, L 사이즈로 표기되어 있고, 어떤 상품은 90, 95, 100 등의 사이즈로 적혀있으니 자신에게 딱 맞는 옷을 찾기가 여간 어려운 게 아니다.

오케이몰은 이러한 불편함을 해결하고자 제조업체에서 표기해둔 사이즈와는 별개로 옷의 실제 사이즈를 측정해서 고객에게 알려준다. 매장에 가보지 않아도 옷을 잘못 살 확률이 거의 없다.

촘촘한 쇼핑몰 운영방식에 직원들은 아마 새파랗게 질려있을지도 모르지만, 고객들은 흐뭇하게 미소 짓는다.

한 사람의 생명을 구하는 일이 세상을 구하는 일이라 했던가. 비즈니스 세계에서 한 사람의 고객을 잃는 건 세상을 잃는 일이다.

단 한 사람이라도 절대로 놓치지 마라.

털어도 먼지
안 나는 기업

유한양행이 이른바 괘씸죄에 걸려 세무조사의 표적이 된 적이 있었다.

정치자금이 만연하던 시절 이를 단호하게 거부했기 때문이었다.

보복성 세무조사였던 만큼 정부는 수차례 강도 높은 세무조사를 실시했다.

하지만 어떠한 탈세 혐의도 찾아낼 수가 없었다. 발견한 거라고는 내지 않아도 될 세금까지 자진해서 납부한 사실뿐 이었다.

처벌은커녕 정부는 유한양행을 모범 납세자 선정하고 상장을 수여할 수밖에 없었다.

정도가 다를 뿐이지 오늘날에도 기업인들은 여전히 뜻하지 않은 여러 가지 스캔들에 휘말리게 된다.

2016년 검찰이 호창성 더벤처스 대표를 느닷없이 구속한 사건이 있었다. 정부 보조금을 빌미로 스타트업 주식 지분을 편취했다는 혐의였다.

사건의 사실 여부를 떠나 이 사건은 그 자체로 벤처업계에 큰 충격이었다.

그는 평소 업계에서 존경받는 리더였다. 동영상 서비스 플랫폼 '비키VIKI'를 창업하여 일본 라쿠텐에 2억 달러당시 환율 기준 약 2,200억 원에 매각했고, 이후 벤처캐피털을 설립해 열정적으로 후배 기업가를 양성하던 모범적인 기업인이었다.

그런 그가 법정에 서게 된 거다. 2년 동안 치열한 법적 공방을 벌여야만 했지만 1심, 2심에 이어 대법원에서도 결국 무죄 판결을 받아내었다.

다행히도 원칙대로 회사를 운영했기에 큰 탈은 없었지만 앞으로도 이런 일이 또 없을 거란 보장은 없다.

사방팔방이 적군이다

업계 리더가 되는 순간 십자포화의 타깃이 된다.

특종을 찾아 헤매는 언론사는 호시탐탐 비판의 기회를 엿보고, 소비자단체는 더 높고 까다로운 기준들을 들이밀며 기업을 압박한다. 제품이나 서비스 하자로 네이버 실시간 검색에 뜨기라도 하면 청문회 출석도 각오해야 한다.

물론 검찰이나 경찰 조사는 기본 옵션이다.

그뿐인가 같은 업계에 있는 경쟁사들은 온종일 1등의 약점만 연구하며 네거티브 마케팅 공세 거리를 찾고 있다.

언제 어디서 어떤 공격이 들어올지 전혀 예측할 수가 없다. 회사가 성장할수록 이들의 공격은 점점 더 거세어진다.

공격을 막아낼 방법은 단 하나뿐이다. 털어도 먼지 하나 안 나올 만큼 정도경영을 하는 수밖에 없다. 어떠한 성취를 이루어냈더라도 윤리적 기반이 없다면 그 기업은 한 번의 공격에 무너질 수밖에 없다. 시작부터 엄격하게 준법경영을 해야 한다.

이제 막 창업을 준비하는 사람 또는 성장하는 스타트업에게 이런 화두를 던지면 조금 황당하게 들릴지도 모른다. 생존에 급급한 벤처회사가 그런 것까지 신경 쓸 시간이 없다는 생각일 거다. 나중에 회사가 일정 규모 이상 성장한 후에 준비해도 늦지 않다고 주장하고 싶을 거다.

하지만 유감스럽게도 회사는 내 생각대로 단계별로 차근차근 성장하지 않는다. 대부분의 창업 회사는 회사 역량이 축적되어 임계치가 넘어가는 순간 폭발적으로 성장한다.

그리고 이 순간이 바로 표적이 되는 순간이다.

봐주는 건 없다.

네이버를 창업한 이해진 전 의장이 자신이 공정거래위원회로부터 총수로 지정되고, 댓글 여론 조작 의혹으로 청문회에 서야 하는 날이 올 거라고 상상이나 했을까?

배부른 고민으로 보일지 모르겠지만 지금 당장 준비해두어야 한다. 갑자기 뒤통수 맞고 쓰러지기 전에.

목계지덕

소셜커머스 '쿠팡'은 언론의 단골 소재가 된 지 오래다.

물류기사 '쿠팡맨' 노무 문제부터 자본잠식 논란까지 화려하다. 툭하면 망한단다. 어쩔 때보면 정말 망하라고 굿이라도 하는 것처럼 보인다.

이제 겨우 8년 차 스타트업인데 응원해주지는 못할망정 너무도 가혹한 잣대를 들이댄다.

세상의 평가에 초연해야

근데 이상한 건 쿠팡을 이용하는 고객들은 점점 늘어나고 있다는 점이다. 그뿐인가 손정의 회장은 망해가는 쿠팡에 1조 원씩이나 투자했다. 창업 기업이 이 정도의 성과를 만들어냈으면 이유 불문하고 어마어마하게 잘하고 있는 거다.

정부 지원 아래 성장한 재벌 기업도 아니고 불법적으로 사업을 한 기업도 아니다. 그런데 툭하면 부도덕한 기업이나 곧 망할 기업으로 매도해버리니 쿠팡은 얼마나 억울한 심정일까? 화가 날 법도 하지만 쿠팡은 그 흔한 반박 기자 회견 한 번 하질 않는다. 주변에서 뭐라 하든 말든 묵묵히 걸어갈 뿐이다.

'로켓배송'이라는 혁신적인 물류 시스템을 구축했고, 외국인 임원도 적극적으로 영입하며 글로벌 스탠다드 수준의 경영 시스템을 갖추어 나가고 있다. 그리고 아마 우리가 잘 알지 못하는 영역에서도 크고 작은 혁신을 계속해나가고 있을 거다.

쿠팡을 보고 있노라니 목계지덕木鷄之德의 고사가 떠오른다.

흔들리지 않는 품격

명조련사 기성자紀渻子는 주나라의 선왕을 위해 싸움닭을 키우고 있었다.

기대에 찬 선왕이 열흘 뒤 싸움을 시킬 수 있겠느냐고 물었다. 그는 안타깝다는 듯이 닭이 허세가 심하고 지나치게 자신의 힘에만 의존해서 어렵다고 대답했다.

열흘이 지나 왕이 다시 묻자, 그는 닭이 교만함은 버렸으나 상대의 소리와 행동에 예민하게 반응해서 더 훈련이 필요하다고 말했다.

또다시 열흘이 지났지만 조련사는 여전히 고개를 저으며 조급함은 없어졌지만 눈만 봐도 닭의 감정이 그대로 드러나서 훈련이 더 필요하다고 했다.

40일째가 되던 날 기성자가 마침내 입을 열었다.

"이제는 싸움닭으로서의 모습이 갖춰졌습니다. 다른 닭이 울어도 의젓할 뿐입니다. 마음의 평정을 찾아 마치 나무로 만든 닭 같습니다. 심지어 덕을 갖춘 듯한 모습을 보이니 다른 닭들이 감히 덤비지 못하고 보기만 해도 달아날 겁니다."

쿠팡은 지금쯤 어떤 단계에 있는 걸까?

기회가 보이면
도전하는 게 사업가

김동녕 한세예스24홀딩스 회장은 바둑을 즐겨 두는 데 찔러도 피 한 방울 안 나올 만큼 단단하고 견실한 바둑을 두는 걸로 유명하다. 제 3자가 볼 때 지나치게 몸을 사리는 느낌이 들 정도로 매우 조심스럽게 판을 이끈다.

그의 바둑 스타일은 경영에서도 어김없이 드러난다. 김 회장은 신중한 경영으로 1982년 창업 이래 지금까지 단 한 번도 적자를 내지 않으며 한세실업을 매출 2조 4,000억 원대의 중견그룹으로 성장시켰다.

지지 않는 법과 이기는 법은 완전히 다르다

무역회사를 운영했던 김 회장은 1978년 오일쇼크의 여파로 회사를 부도를 낸 적이 있었는데 이때를 계기로 한걸음 늦게 가는 경영을 자신의 철학으로 삼게 되었다. 적자 한번 없이 회사를 안정적으로 성장시켜온 배경이다.

그런데 얼핏 보면 잘 이해가 안 가는 부분이 있다.

원래 한세실업은 나이키, 자라 등 유명 브랜드에 의류를 납품하는 회사인데 '예스24'와 '동아출판'으로 대표되는 유통, 출판 사업 분야까지 사업 포트폴리오를 확장했다. 현재 계열사만 무려 27개다. '한 걸음 늦게 가자'는 그의 철학이 무색할 만큼 많은 회사를 운영하고 있는 거다.

그의 철학을 좀 더 깊게 이해해야 한다. 한걸음 늦게 가자는 의미는 단순히 망하지 않기 위해서 보수적으로 경영을 한다는 의미가 아니다. 경쟁자보다 늦게 가자는 말도 아니다. 자신의 역량이나 실력을 신중하게 가늠하고 키우면서 투자할 때를 준비하겠다는 뜻이었던 거다.

수비를 위한 수비가 아니라, 공격을 염두에 둔 수비였을 뿐이다.

준비된 파격

이대봉 참빛그룹 회장의 첫인상은 친근한 옆집 할아버지 같다. 명절날 세배를 하는 직원들에게 용돈을 지어주며 덕담을 건네는 그의 말투는 수더분하고 정겹기 그지없다.

그에 대한 배경지식을 사전에 말해주지 않는다면 아마 아무도 그가 중견기업 회장인 줄 모를 거다.

평상시 무차입 경영을 강조하는 것만 봐도 사업에는 큰 욕심이 없는 것처럼 보인다. "대기업으로 가는 길에 집착하지 않는다"고 말하는 그의 인터뷰에서 야심이라고는 전혀 찾아볼 수가 없다.

그런데 참빛그룹의 사업을 뜯어 보면 실질적으로 매우 공격적이다. 항공물류 사업으로 회사를 일으킨 후 건설, 제조, 관광, 에너지 분야로 사업 분야를 끊임없이 확장해왔다.

사업 내용은 더 파격적이다. 북한의 돌발 행동 위협에 노출되어 있는 백두산에 등산로를 만들고 천지에 관광호텔까지 지어버리더니, 이제는 1조를 투자해 베트남에 디즈니랜드 수준의 테마파크를 건설하겠다고 한다.

그는 새로운 기회가 보일 때마다 그동안 쌓은 역량을 바탕으로 과감하게 투자를 단행했다.

이게 바로 진정한 사업가의 자세다. 창업가는 망하지 않기 위해서 살아남기 위해서 그저 숨만 쉬려고 창업한 게 절대 아니다.

기회가 보이면 도전하는 게 사업가다.

절대 절대
쓰러지지 마라

한경희 한경희생활과학 대표는 스팀청소기를 발명하며 여성 벤처기업가로 이름을 날렸다. 평범한 주부였던 그녀는 무릎을 꿇은 채 걸레로 바닥을 닦는 게 너무 힘들다는 점에 착안해 스팀청소기를 발명했다. 스팀청소기는 출시되자 마자 주부들에게 필수 아이템으로 자리잡았고, 이에 힘입어 회사는 창업 10여 년 만에 매출액 1,000억 원 수준의 알짜 벤처기업으로 성장했다.

사기 백과사전을 쓰고 싶다는 그녀

성장통을 겪기 시작한 건 이때부터였다.

사업 포트폴리오를 다각화해나가는 과정에서 회사가 재정적으로 어려워지게 되었다. 야심 차게 기획했던 탄산수 제조기 등 후속 제품들의 판매가 저조해지면서 자금 순환에 문제가 생기기 시작했다. 급기야 회사는 300억 원 규모의 순손실을 내며 자본잠식 상태에 빠져버렸다. 엎친 데 덮친 격으로 한 대표는 사기 혐의로 고소까지 당했다.

여러 어려움 가운데서도 그녀는 기업회생 절차를 단행하며 회사를 살리기 위한 노력을 이어나갔다. 100여 명이었던 인력을 절반 수준으로 줄이고, 스팀다리미 등 신제품을 출시하며 회사 정상화에 박차를 가하고 있다.

회사채를 발행해 가로챘다는 혐의도 검찰 조사에서 무혐의 처리로 결론이 나면서 일단락되었다. 얼마나 마음고생이 심했는지 나중에 회사가 어느 정도 안정되면 사기에 관한 책을 펴내고 싶단다.

우스갯소리이지만 난 이 책이 제법 기대된다. 창업자에게 꼭 필요한 계약 실무서가 되지 않을까 싶어서다.

배움이 있는 실패는 가치 있다

지금으로부터 6년 전 윤석금 회장은 웅진그룹의 법정관리를 신청했다.

얼마 전까지만 해도 샐러리맨의 신화로 추앙받았던 윤 회장에 대한 여론이 순식간에 돌아섰다.

국내 최초로 정수기 렌탈 마케팅을 도입하고 탄산음료가 지배적이었던 시장에 한국적인 음료 '아침햇살' '초록매실'을 내놓았을 때만 해도 그는 경영의 구루로 추앙받았다. 모두가 그의 의사 결정 하나하나에 찬사를 보냈다. 출판 사업으로 기반을 다지고 정수기, 식품, 태양광 등 자신의 한계를 정하지 않고 끊임없이 새로운 분야에 뛰어드는 윤 회장의 아름다운 도전을 응원했다.

그런데 법정관리가 시작되자마자 그에 대한 모든 평가가 순식간에 뒤집히기 시작했다. 그의 도전은 무분별한 욕심으로 평가절하되어 버렸다.

아무리 생각해봐도 납득이 가질 않는다. 신규사업은 시대를 막론하고 어떤 상황 속에서 추진하던지 회사에는 늘 무리이고 위험한 일이다.

그럼에도 불구하고 살아남기 위해, 시대 변화에 적응하기 위해 용기 내어 어렵게 새로운 발걸음을 내딛는 거다.

본디 사업이란 것이 잘될 때도 있고 어려울 때도 있는 법이건만, 조금만 어려워져도 큰 사단이라도 난 것처럼 기업인을 깎아내리려 한다. 매우 안타까운 현실이다.

여하튼 주변의 우려에도 불구하고 윤 회장은 결국 1년 4개월 만에 법정관리를 조기 졸업했고, 2016년에는 분할변제하기로 했던 빚마저 무려 6년이나 앞당겨 갚아냈다.

아니나 다를까 재기에 성공했다는 평이 다시 나오기 시작했다.

그런데 사실 엄밀하게 따지면 윤 회장은 재기에 성공한 게 아니다. 그는 시작부터 지금까지 쭉 잘해왔다.

27살에 브리태니커 백과사전 영업을 시작할 때도 국내 최초로 정수기 렌탈 서비스를 도입했을 때도 그는 누구보다 마음과 뜻을 다하여 일했다.

사업을 키워가는 과정에서 법정관리라는 암초를 만나기도 했지만 움츠러들거나 피하지 않았다. 자신이 피땀으로 일군 웅진코웨이 등 알짜 계열사를 과감하게 매각하는 용단을 내렸고 주변의 비난 여론에도 끝까지 자리를 지키며 책임 경영을 해나갔다.

심지어 검찰 수사 선상에 오르기도 했지만 단 한 치의 흔들

림도 없었다. 예상된 결과였지만 수사 과정에서 개인 비리 같은 건 나오지 않았다. 오히려 재판을 받으면서도 신규 사업 발굴을 주도했다. 회원제 독서 프로그램 '북클럽'를 런칭해 히트시켰고 터키에서 정수기 사업까지 준비했다.

요컨대 그는 처음부터 지금까지 한결같이 잘 해내고 있었다. 법정관리는 또 다른 성장을 위한 하나의 이벤트였을 뿐이다. 윤 회장은 그룹 경영을 정상화하며 더 강해졌다.

근육을 찢어야, 근육이 자란다

태권도, 유도 갖은 정예 무술을 훈련하고 링에 올라가도 각목으로 뒤에서 내리치는 게 경영 현실이다.

시장은 살벌하다.

법의 테두리는 최소한의 안정 장치일 뿐 정글 같은 시장에 정해진 룰은 없다. 정예 훈련 과정을 이수한 것만으로는 살아남기 힘들다. 식량이 떨어지면 뱀도 잡아먹어야 하고 군사가 없으면 짐승이라도 내 편으로 만들어서 내 삶의 터전을 지켜내야 한다.

지식과 경험을 축적하며 끊임없이 지혜를 쌓는 것만이 살길이다.

1960년대 한국을 호령했던 10대 그룹 중 현재까지 상위권으로 남아있는 그룹은 삼성과 LG밖에 없다. 나머지 8개의 그룹사가 순위에서 사라졌다.

대규모의 자본과 일류 인재로 완전히 무장한 대기업도 하염없이 사라지는 게 우리가 마주하고 있는 오싹한 경영 현실이다.

조금만 실수해도 고객들은 언제 봤냐는 듯이 등을 돌려버리고, 경쟁자들은 아프고 약한 곳만 때리면서 싸움을 걸어온다. 어디 그뿐인가. 혁신적인 기술의 원자폭탄이 떨어져 미처 알지도 못하는 사이에 자신이 속한 산업 자체가 통째로 흔적도 없이 사라져버리는 경우도 생긴다.

이 같은 현실에서 회사를 창업하고 뜻을 이루어나가려면 뼈를 깎는 수련이 필요하다. MBA에서 경영 교과서로 몇 년 공부했다고 알량한 임원 배지 달고 사장놀이 몇 번 했다고 끝나는 게 결코 아니다.

마지막까지 승자로 기억되고 싶은가?

생각의 근육을 찢고 또 찢으면서 부단히 자신만의 통찰력과 지혜를 키워나가길 바란다.

"훗날 당신의 이야기도
책에 담고 싶다."

'핵주먹'이란 애칭으로 더 유명했던 복싱 챔피언, 마이크 타이슨이 경기를 앞두고 전략에 대한 질문을 받았던 적이 있었는데 그는 이런 답변을 내놓았다.

"누구나 그럴싸한 계획은 갖고 있다. 한 대 맞기 전까지는…"

그의 대답이 사업을 하는 내내 내 머릿속을 떠나지 않았다.

창업을 꿈꾸며 그래도 나름 국내에서 유명한 경영대에서 성실하게 공부했고, 이른바 '창업 사관학교'라는 종합상사에서 일도 배우면서 창업을 충분히 준비했다고 생각했는데 창업 현실은 내가 생각했던 것보다 더 가혹했다.

매일 매일 두들겨 맞고 쓰러지는 일상의 연속이었다.

조금만 방심해도 고객들은 떠나버렸고 경쟁자는 상상도 못한 방법으로 내가 개척한 시장을 뺏어버렸다. 쉽게 넘어가는 날이 단 하루도 없었다.

너무 힘들어 포기하고 싶은 생각이 들 때마다 난 책을 꺼내들었다. 앞서갔던 창업가들이 이겨냈던 수많은 고난을 보면서 위안을 얻었고, 주저앉고 싶은 마음도 다시 한번 다잡았다. 자금, 마케팅 등 당면한 문제들을 해결할 묘수를 얻는 건 덤이었다.

그러다 문득 조각조각 흩어져 있는 위대한 창업자들의 삶과 지혜를 한곳에 모아보고 싶다는 생각을 하게 되었다. 창업자의 경영 지혜가 담긴 바이블 같은 책을 써보고 싶어 펜을 들게 되었다.

100% 한국형 창업 지혜

책을 쓰는 내내 난 철저하게 한국형 창업사례만을 고집했다. 사소한 비유조차도 외국 기업은 사용하지 않으려 노력했다. 글을 쓰는 입장에서는 유명한 해외 기업가 사례를 인용하는 일이 훨씬 더 수월하다. 잘 정리된 해외 논문이나 기획 기사들이 많기 때문이다.

하지만 난 한국인 창업 구루들만의 이야기로 이 책을 구성했다. 국내 독자에게 익숙한 사업 환경에서 주인공들이 겪었던 실제 현장 이야기들을 담아냈다. 그들의 이야기를 쫓아가다 보면 자신이 처한 현실에서 어떻게 창업을 준비해나가야 하는지 좀 더 선명하게 계획을 그려볼 수 있을 거다.

물론 사람 일이란 것이 한 치 앞을 알 수 없기에 이 책에서 인용한 창업가와 회사에 어떤 불미스러운 일이 생길지는 아무도 예단할 수는 없다.

하지만 이와는 별개로 이 책에 나온 창업자의 의사결정 사례만큼은 창업을 꿈꾸거나 준비하고 있는 사람이라면 반드시 생각해봐야 할 주제들이다. 자신의 상황에 맞게 재해석하여 통찰력을 키울 수 있는 수단으로 잘 활용했으면 좋겠다.

먼 훗날 개정판을 다시 쓸 때 당신의 이야기가 이 책에 담길 수 있게 되길 진심으로 소망하며 글을 마치고자 한다.

_문성철

이름	프로필
강윤선 준오헤어 대표	• 1960년생 • 무궁화기술고 미용기술전공 졸업 • 비달사순 아카데미 수료 • 1979년 서울 돈암동 성신여대 준오헤어 오픈
김동녕 한세예스24홀딩스 회장	• 1945년생 • 서울대 경제학과 졸업 • 미국 펜실베니아대 워튼스쿨 경영대학원 경영학 석사 • 1972년~1979년 한세통상 대표 • 1982년 한세실업 설립
김범석 쿠팡 대표	• 1978년생 • 미국 하버드대 정치학부 졸업 • 미국 하버드대 경영대학원 석사 • 1998년~2001년 미국 무료잡지 '커런트' 대표 • 2002년~2004년 보스턴컨설팅그룹 컨설턴트 • 2004년~2009년 '빈티지미디어' 창간 대표 • 2010년 쿠팡 창업
김소희 스타일난다 전 대표	• 1983년생 • 2년제 대학 경영학과 • 비서로 사회생활 시작 • 2005년 '스타일난다' 쇼핑몰 창업
김슬아 마켓컬리 대표	• 미국 웰슬리칼리지 정치학과 졸업 • 2007년 골드만삭스 홍콩 • 2009년 맥킨지 홍콩 • 2015년 마켓컬리 런칭

김승남 잡코리아 전 회장	• 1941년생 • 성균관대 경제학과 졸업 • 육군대 75정규과정 수료 • 1980년~1981년 61사단 179 연대장 • 1984년~1990년 충북은행 안전관리실 실장 • 1990년~1994년 한신생명 상무이사 • 1994년~1999년 잡코리아 대표
김승호 스노우폭스 회장	• 1964년생 • 1982년 중앙대 영어과 입학 • 1987년 미국 텍사스주 휴스턴 이민 • 2005년 JFE사 인수
김여진 공차코리아 전 대표	• 2012년 공차코리아 설립 • 2014년 공차코리아 매각 • 2016년 트램펄린 전용 놀이문화시설 '바운스 트램폴린 파크' 설립
김영식 천호식품 전 회장	• 1951년생 • 고교 중퇴 후, 24살 때부터 사업 시작 　(학습지, 신발 깔창, 금연 파이프 등) • 1984년 천호식품 설립 • 2018년 세자녀출산지원재단 설립
김영찬 골프존 회장	• 1946년생 • 홍익대 기계과 졸업 • 1973년 GM코리아 입사 • 1979년 삼성전자 입사 • 1993년 삼성전자 시스템사업부장 • 2000년 골프존 창업
김용덕 테라로사 대표	• 1960년 출생 • 1978년 강릉상고 졸업 • 1977년~1998년 조흥은행 근무 • 2002년 테라로사 1호점 설립

김욱진
바하 프레쉬 회장
	• 12세에 미국으로 이민
	• 14세에 노점에서 팽이 팔기 시작
	• 캘스테이트풀러튼 칼리지 비즈니스 과정 자퇴
	• 꽃 소매상, 비디오 대여 체인, 개인 비행기
	  운영회사, 부동산 개발업 등 30여 가지
	  비즈니스 경험

김정웅 서플러스글로벌 대표	• 1966년생 • 연세대 금속공학과 졸업 • 1990년~1992년 코오롱상사 철강금속사업부 • 10년간 8번 이직 • 2000년 서플러스글로벌 설립

김정웅
지피클럽 대표
	• 2003년 IT제품 유통 회사 창업 (게임 총판,
	  닌텐도 유통 등)
	• 2014년 네이처리퍼블릭 중국 유통 계약을
	  체결하며, 화장품과 처음 인연을 맺음

김준일 락앤락 전 회장	• 1952년생 • 한국방송통신대 행정학과 졸업 • 1978년 주방용품 수입회사 '국진유통' 설립
김태연 라이트하우스 회장	• 1946년생 • 김천고 졸업 • 1968년 미국 이민. 태권도장 운영 • 1982년 환경 시스템 회사 '라이트하우스' 설립 • 1994년 세계무술협회에서 여성 최초로 대사범직을 수여받음
김태욱 아이패밀리 SC 대표	• 1969년생 • 인하공전 조선공학과 졸업 • 1991년 '개꿈'으로 가수 데뷔 • 2000년 아이웨딩 설립

남대광 블랭크 대표	• 1985년생 • 한양대 경제금융학부 졸업 • 2012년 페이스북에 '세상에서 가장 웃긴 동영상' 페이지 개설 • 콘텐츠 제작회사 '메이크어스' 채널유통팀 이사 • 2016년 블랭크TV 설립
남종현 그래미 회장	• 1944년생 • 청주고 졸업 • 남일기계공업 대표 • 1996년 그래미 창업
문주현 엠디엠그룹 회장	• 1958년생 • 경희대 회계학과 졸업 (군대를 다녀온 뒤, 검정고시를 통해 27세에 늦깎이 대학생으로 입학) • 1987년 나산실업 입사 (6년 동안 7번 특진. 30대에 최연소 상무 역임) • 1998년 엠디엠 설립
문창기 이디야 회장	• 1962년생 • 고려대 사회학과 졸업 • 1989년~1998년 동화은행 • 1999년~2000년 삼성증권 팀장 • 2000년~2004년 유레카벤처스 대표 • 2004년 이디야 인수
박병열 헬로네이처 전 대표	• 1985년생 • 2010년 포항공대 산업경영공학과 졸업 • 2010년 AT커니 • 2011년 쿠팡 사업기획팀 • 2012년 헬로네이처 창업

박태준 포스코 전 회장	• 1927년생 • 1946년 일본 와세다대 기계학 수료 • 1948년 육사 6기 졸업 • 1964년 대한중석광업 대표 • 1968년~1981년 포항종합제철 대표
박한길 애터미 회장	• 1956년생 • 경기대 무역학과 졸업 • 2009년 애터미 설립
박현주 미래에셋 회장	• 1958년생 • 고려대 경영학과 졸업 • 1986년~1996년 동원증권 • 1997년 미래에셋 설립
방시혁 빅히트엔터테인먼트 대표	• 1972년생 • 서울대 미학과 졸업 • 1995년 '인어이야기' 작곡가 데뷔 • 2005년 빅히트엔터테인먼트 설립
배기식 리디북스 대표	• 1979년생 • 서울대 전기공학부 졸업 • 2006년~2008년 삼성전자 벤처투자팀 • 2008년 리디북스 창업
백종원 더본코리아 대표	• 1966년생 • 연세대 사회복지학과 졸업 • 목조주택 사업 • 1994년 더본코리아 대표
서정진 셀트리온 회장	• 1957년생 • 건국대 산업공학과 졸업 • 건국대 대학원 경영학 석사 • 1983년 삼성전기 입사 • 한국생산성본부 컨설턴트 • 1992년~1999년 대우자동차 상임경영고문 • 2000년 넥솔(현. 셀트리온 설립)

손주은 메가스터디그룹 회장	• 1961년생 • 서울대 서양사학과 졸업 • 1990년 경인학원 설립 • 1995년 보습학원 '진리와 자유' 설립 • 2000년 메가스터디 사회탐구과목 대표강사
송재성 성호그룹 창업주	• 1932년생 • 한양대 토목공학과 졸업 • 한양대 대학원 공학 석사 • 1953년 내무부 토목국 항만과 • 1978년 해운항만청 인천항 건설사무소장 • 퇴직 후 대학 선배가 대표로 있는 건설회사에 부사장직으로 들어감 • 1981년 항치개발 설립
송창근 KMK글로벌스포츠그룹 회장	• 1960년생 • 울산대 기계공학과 졸업 • 신발회사 3년 반 근무 • 1991년 KMK그룹 설립
승은호 코린도그룹 회장	• 1942년생 • 연세대 행정학과 졸업 • 동화기업 부사장 • 1976년 인도네시아 코린도 설립
오세영 코라오그룹 회장	• 1963년생 • 성균관대 섬유공학과 졸업 • 1988년 코오롱상사 입사 • 1991년 코오롱상사 베트남 주재원 • 1997년 코라오 설립
유일한 유한양행 창업주	• 1895년생 • 미시간주립대 상과 졸업 • 남가주대 대학원 경영학 석사 • 미국 GE(제너럴일렉트릭) 회계사 • 1922년 라초이 식품회사 설립 • 1926년 유한양행 설립

윤미월 윤가 대표	• 밤무대 가수 • 1985년 일본으로 건너가 한국 김치 수입업체에서 13년간 품질관리 담당 • 1998년 김치제조업체 '건식무역' 창업 • 2008년 대중 한식당 오픈 • 2013년 고급 한식당 '윤가' 오픈
윤석금 웅진그룹 회장	• 1945년생 • 건국대 경제과 졸업 • 1971년~1980년 한국브리태니커 • 1980년 웅진출판 창업
윤윤수 휠라코리아 회장	• 1945년생 • 한국외국어대 정치외교학과 졸업 • 1973년~1975년 해운공사 • 1975년~1981년 미국 유통업체 'JC페니' 한국지사 • 1981년~1984년 신발회사 '화승' 수출담당 이사 • 1984년 대운무역 설립 • 1991년 휠라코리아 대표
윤홍근 제너시스BBQ 그룹 회장	• 1955년생 • 1982년 조선대 무역학과 수석 졸업 • 1984년~1995년 미원마니커 영업부장 • 1995년 제너시스BBQ 설립
이대봉 참빛그룹 회장	• 1941년생 • 진주농림고 휴학/검정고시 • 성균관대 경영학과 졸업 • 1975년 동아항공화물 설립
이범택 크린토피아 회장	• 1952년생 • 한양대 섬유공학과 졸업 • 1980년 럭키 입사 • 1981년 의류수출 회사 '중앙교역' 창업 • 1986년 의류염색 회사 '보고실업' 창업 • 1992년 크린토피아 사업 시작

이병국 윈플러스 대표	• 2001년 식자재 유통 • 2005년 윈플러스 설립 • 2007년 '식자재왕' 브랜드 론칭
이상신 OKF 회장	• 1952년생 • 성균관대 경영학과 졸업 • 성균관대 MBA • 롯데그룹 근무 • 1990년 OKF 설립
이수인 에누마 대표	• 서울대 미대 졸업 • 엔씨소프트 게임 디자이너 • 2012년 에누마 창업
이수진 야놀자 대표	• 1978년생 • 천안공전 금형과 졸업 • 2001년 서울 시내 모텔 청소원으로 근무 • 2005년 다음 카페 '모텔투어' 인수 • 2007년 '야놀자'로 카페명 변경
이영덕 한솥도시락 회장	• 1948년생 • 서울대 법학과 졸업 • 무역, 호텔사업 • 1993년 한솥도시락 설립
이용한 원익그룹 회장	• 1954년생 • 경희대 경영학과 졸업 • 고려대 산업대학원 • 1981년 원익통상 설립
이한조 유닉스전자 대표	• 1971년생 • 한양대 법학과 졸업 • 1997년 제39회 사법시험 합격 • 2003년 의정부지검 검사 • 2004년 유닉스전자 입사 • 2013년 유닉스전자 사장

이해진 네이버 창업주	• 1967년생 • 서울대 컴퓨터공학과 졸업 • 한국과학기술원 전산학 석사 • 1992년 삼성SDS 이사 • 1997년~1999년 삼성SDS 사내벤처 네이버 소사장
이현정 즐거운컴퍼니 대표	• 1971년생 • 한국방송통신대 중어중문학과 • 26살 결혼. 10만원 월셋방으로 시작 • 40살 경매공부 시작. 첫 낙찰 • 43살 21채 집주인
장성덕 오케이몰 대표	• 1967년생 • 일본 예술대학 방송학과 • 삼성물산 해외 비서 파트/기획 업무 • 2000년 오케이아웃도어닷컴 창업
장영준 뤼이드 대표	• 1986년생 • 캘리포니아대 버클리캠퍼스 경영학 학사 • 메릴린치 근무 • 타파스 미디어 설립, CCO • 2014년 뤼이드 설립
전순표 세스코 회장	• 1935년생 • 동국대 농학과 졸업 • 동국대 대학원 농학 석사 • 1957년~1961년 농업시험장 기초연구과 • 1962년~1964년 영국 런던대 연수 • 1970년~1971년 미국 캔사스주립대 연수 • 1971년~1973년 동국대 대학원 농학 박사 • 1961년~1974년 농림수산부 농산국 • 1976년 전우방제(현. 세스코) 설립
전영대 대관령양떼목장 대표	• 수도약품 영업과장 • 1998년 풍전목장 설립

전화성 씨엔티테크 대표	• 1976년생 • 동국대 컴퓨터공학과 졸업 • 한국과학기술원 전산학 석사 • 2000년 음성인식 기술업체 'SL2' 설립(학내 벤처) • 2003년 씨엔티테크 대표
정재원 정식품 창업주	• 1917년생 • 1937년 정소아과 원장 • 1960년~1965년 영국 런던대 소아과대학원, 미국 샌프란시스코 UC메디컬센터 유학 • 1973년 정식품 설립
정현식 해마로푸드서비스 대표	• 1960년생 • 영남대 문리학과, 영어영문과 졸업 • 1986년~1989년 베스킨라빈스 • 1993년~2004년 TS해마로(파파이스) • 2004년 해마로푸드서비스 대표
조선혜 지오영 회장	• 1955년생 • 숙명여대 약학과 졸업 • 인천병원 과장 • 1991년 성창약품(현. 지오영 설립)
조창걸 한샘 명예회장	• 1939년생 • 서울대 건축학과 졸업 • 1957년 한샘건축연구소 설립 • 1973년 한샘 설립
차진섭 심네트 대표	• 1951년생 • 1974년 육군사관학교 전자공학 졸업 • 1982년 미국 해군대학원 석사 • 1985년 육군교육사 운영분석 장교 • 1989년 미국 오하이오 주립대 산업공학 박사 • 1993년 한 · 미 연합사 모의센타장 • 1999년 심네트 설립

채의숭 대의그룹 회장	• 1939년생 • 건국대 경제학과 졸업 • 건국대 경제학 박사 • 대우그룹 해외사업본부장 및 아메리카 사장 • 1985년 대의실업 인수
천호균 쌈지 전 대표	• 1949년생 • 성균관대 영문학과 졸업 • 1978년~1981년 대우중공업 • 1981년 가죽 수출입 회사 '호박상사' 창업
최병오 패션그룹 형지 회장	• 1953년생 • 부산고등기술학교 • 부산 국제시장에서 페인트 가게, 빵 가게 • 1982년 동대문 광장시장 옷 가게 • 1994년 형지물산(현. 패션그룹 형지) 설립
최재호 드라마앤컴퍼니 대표	• 카이스트 전자공학과 • 딜로이트컨설팅/보스턴컨설팅그룹 • 2013년 드라마앤컴퍼니 설립
최종일 아이코닉스 대표	• 1966년생 • 성균관대 신문방송학과 졸업 • 연세대 언론홍보대학원 석사 • 금강기획 애니메이션 사업팀 • 2001년 아이코닉스 설립 • 2003년 '뽀로로' 출시
하형록 팀하스 회장	• 1957년생 • 1969년 미국 이민 • 미국 펜실베니아대 건축학과 졸업 • 미국 펜실베니아대 대학원 건축학과 • 주차건물 전문 건축회사 입사 후, 29세에 부사장으로 승진 • 1994년 팀하스 설립

한경희 한경희생활과학 대표	• 1964년생 • 이화여대 불어불문학과 졸업 • 미국 캘리포니아주립대 대학원 경영학석사 • 1986년~1988년 국제올림픽위원회(IOC) 근무 • 1996년 5급 공무원 특채시험 합격 • 1996년~1998년 교육부 교육행정사무관 • 1999년 한경희생활과학 설립
한성호 FNC 엔터테인먼트 대표	• 1973년생 • 명지대 중어중문학과 졸업 • 1999년 '굿바이데이'로 가수 데뷔 • 2006년 에프엔씨뮤직 설립
한창우 마루한 그룹 회장	• 1930년생 • 일본 법정대(호세이대) 졸업 • 1957년 마루한 설립
호창성 더벤처스 대표	• 1974년생 • 서울대 전기공학부 졸업 • 미국 스탠퍼드대 경영대학원 경영학 석사 • 2007년 동영상 플랫폼 '비키' 창업 • 2014년 벤처캐피탈 '더벤처스' 창업